pattarina

NÄHEN MIT pattarina

So einfach war Zuschneiden noch nie

Vodafone WiFi Calling
14:43
91 %

INHALT

VORWORT

Millionen Menschen in Deutschland nähen gern. Wir gehören dazu, und du sicher auch. 80 Prozent aller Hobbyschneider haben jedoch das gleiche Problem: Schnittmuster ausdrucken und kleben oder abpausen nervt.

Doch damit ist jetzt Schluss! Wir haben die App Pattarina entwickelt, mit der Schnittmuster einfach vom Handybildschirm direkt auf den Stoff übertragen werden können.

Mit diesem Buch und der Pattarina-App, die es kostenlos im App Store und Play Store gibt, kannst du direkt loslegen. In jeder Nähanleitung findest du einen QR-Code. Lies ihn mit dem Handy ein, und schon kannst du das Schnittmuster übertragen.

Weitere Informationen findest du auch auf
www.pattarina.de und **www.topp-kreativ.de.**

Wir wünschen viel Spaß beim Nähen!

Nora und Markus von Pattarina

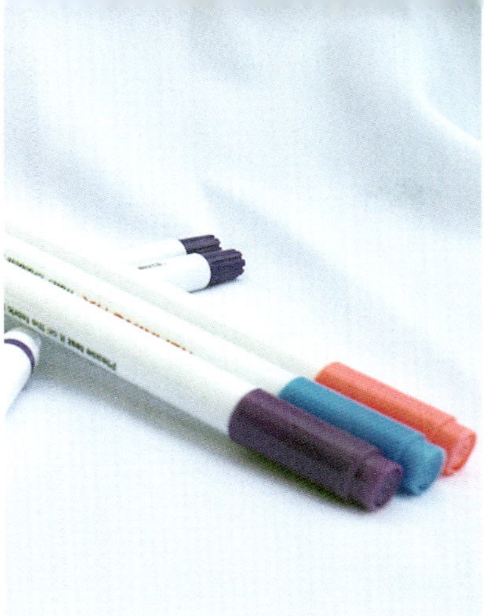

NÄHEN MIT PATTARINA

WIE PATTARINA ENTSTANDEN IST

Ich bin Nora Baum und nähe schon seit meiner Kindheit. Mit Hängekleidchen für meine Puppen ging es los, heute trage ich praktisch jeden Tag meine selbstgenähte Kleidung. Was mich dabei aber schon immer genervt hat: Schnittmuster vorbereiten, sei es durch Abpausen oder das Kleben von PDF-Ausdrucken. Anfang 2017 kam mir plötzlich die Idee, Schnittmuster irgendwie mit Licht auf den Stoff zu übertragen. Wie cool wäre es, wenn man die Schnittteile einfach wie mit einer Art Beamer auf den Stoff projizieren könnte?

EXPERIMENTE MIT DEM BEAMER

Ein halbes Jahr bin ich anschließend mit der Idee durch die Welt gelaufen, einen Schnittmusterbeamer zu bauen. Der allererste Prototyp war ein Karton mit einer riesigen Linse auf der Vorderseite. Auf der Rückseite kann man das Handy hineinstecken, sodass das Handybild durch die Linse projiziert wird. „Lighty" war der Name dieses ersten Protoyps. Das projizierte Bild war allerdings noch sehr schlecht zu erkennen. Selbst in absoluter Dunkelheit konnte man kaum mehr als ein Flackern denn ein Schnittteil sehen.

Als Nächstes habe ich mit richtigen Beamern experimentiert. Ich wollte herausfinden, ob Hobbynäher mit einem Beamer klarkommen würden. Auf einem Markt für Selbermacher mietete ich einen kleinen Stand und setzte meine Idee mit einem Ultra Short Throw Beamer um. Das sind spezielle Beamer, die ein sehr großes Bild erzeugen können. Sie werden oft in der Schule verwendet. Dieser Beamer konnte genau ein Schnittteil anzeigen. Ich war gespannt, was die Hobbynäher, die an meinem Stand vorbeischauten, dazu sagen würden. Die Reaktionen waren überwältigend. Manche Besucher wollten direkt den Beamer kaufen! Das hat mir gezeigt, dass ich nicht die Einzige bin, die ein Problem mit der Schnittmustervorbereitung hat. Allerdings ist mir auch klar geworden, wie umständlich ein Beamer in der Handhabung ist, wie teuer und wie kompliziert in der Entwicklung.

WIR BAUEN EINE APP

Im September 2017 passierten zwei Dinge gleichzeitig, die geholfen haben, Pattarina technologisch neu auszurichten. Zum einen kam das ARKit von Apple heraus, eine neue Entwicklungsumgebung für Augmented-Reality-Anwendungen. Das war ein Quantensprung im Vergleich zu allem, was es vorher im Bereich Augmented Reality gab. Augmented Reality bedeutet, dass die reale Welt mit virtuellen Informationen angereichert wird. Zum anderen habe ich meinen Mitgründer Markus Uhlig kennengelernt. Seine Promotion in Informatik im Bereich der Softwarevisualisierung ging gerade zu Ende. Er war sofort begeistert davon, eine App für Schnittmuster zu entwickeln und Hobbynähern das Leben zu vereinfachen. So wurden wir ein Team.

Gemeinsam haben wir uns entschieden, mit Hilfe von Augmented Reality eine App zur Schnittmusterübertragung zu bauen. Im Mai 2018 haben wir mit der Hilfe eines Startup-Stipendiums losgelegt. Einen Monat später fand unser erster Nutzertest mit dem allerersten Prototypen der App statt. Ab da hieß es: drei Wochen entwickeln, eine Woche testen.

Insgesamt 45 Leute haben wir getroffen, ihnen ein Handy in die Hand gedrückt und sie gebeten, die App auszuprobieren. Wir haben die Tester einfach machen lassen, ohne viel zu erklären oder zu helfen, und sie dabei einfach nur beobachtet. Nach 45 Tests in Cottbus, Berlin, Potsdam, Dresden und Leipzig haben wir uns für einige Wochen zurückgezogen und die App nun richtig programmiert. Aus dem Prototyp wurde eine App, die Tausende Nutzer gleichzeitig verwenden konnten.

Ende Januar 2019 haben wir den ersten Testlauf für die App gestartet. Über 1600 Hobbynäher haben die App heruntergeladen und ausprobiert, und wir haben rund 1000 Rückmeldungen bekommen. Zu sehen dass uns so viele Leute aktiv unterstützen, hat uns wirklich sehr, sehr glücklich gemacht. Viele Designer haben uns im Testlauf ebenfalls unterstützt, indem sie uns Rohdaten zur Verfügung gestellt haben, mit denen wir unser Datenmodell immer weiter verfeinern konnten. Im Test haben wir viel gelernt. Insgesamt waren wir schon sehr zufrieden, wie die App lief, aber natürlich sind wir auch auf einige Bugs gestoßen, die nach dem Test beseitigt wurden.

Im März 2019 starteten wir in eine Crowdfunding-Kampagne. Das Ziel: 8.000 Euro von vielen potenziellen Pattarina-Nutzern zu sammeln, um die Entwicklung finanzieren zu können. Das ist uns mehr als geglückt! In fünf Wochen Kampagne konnten wir über 19.000 Euro von fast 700 Unterstützern sammeln. Und nun hältst du unser erstes Buch in den Händen. Wir hoffen, du hast Spaß an Pattarina und an diesem Buch.

SO FUNKTIONIERT PATTARINA

Pattarina ist die erste App, mit der du Schnittmuster direkt vom Handy auf den Stoff übertragen kannst. Du musst Schnittmuster nie wieder ausdrucken, kleben oder abpausen. In der Pattarina-App werden die Teile eines Schnittmusters mit Hilfe von Augmented-Reality-Technologie im Handybildschirm angezeigt. Du hältst das Handy über den Stoff und kannst die Linie, die auf dem Bildschirm zu sehen ist, direkt mit einem Trickmarker auf den Stoff zeichnen. Nie war Nähen so einfach.

WAS BRAUCHST DU?

1 Pattarina-App
Lade die Pattarina-App auf dein Handy. Du findest sie im App Store bzw. im Play Store.

2 Pattarina-Anker
Druck dir den Pattarina-Anker aus. Das ist ein kleines Bild, das der App bei der Orientierung auf dem Stoff hilft. Du findest den Anker auf www.pattarina.de und kannst ihn einfach selbst ausdrucken. Achte beim Drucken darauf, 100%-Skalierung oder „Tatsächliche Größe" einzustellen. Miss vor der ersten Übertragung das Testquadrat in der Mitte des Ankers nach; es sollte 3 cm x 3 cm groß sein. Schneide den Anker an den Strichlinien aus. Auf S. 72 findest du den Anker auch zum Kopieren. Achte darauf, dass sich der Anker nicht wellt. Du kannst ihn auf eine dünne Pappe kleben.

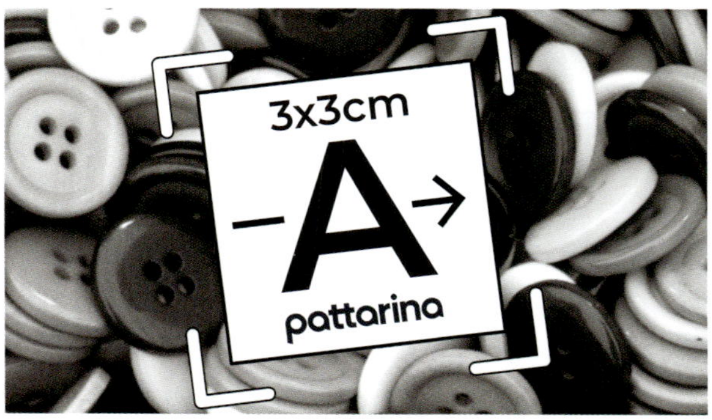

3 Trickmarker
Für die Übertragung benötigst du einen Trickmarker – das ist ein Textilstift, der die Farbe leicht auf dem Stoff hinterlässt und auswaschbar ist. Es gibt diese Stifte von verschiedenen Anbietern. Schneiderkreide funktioniert leider nicht so gut, da sie den Stoff beim Markieren verzerren kann.

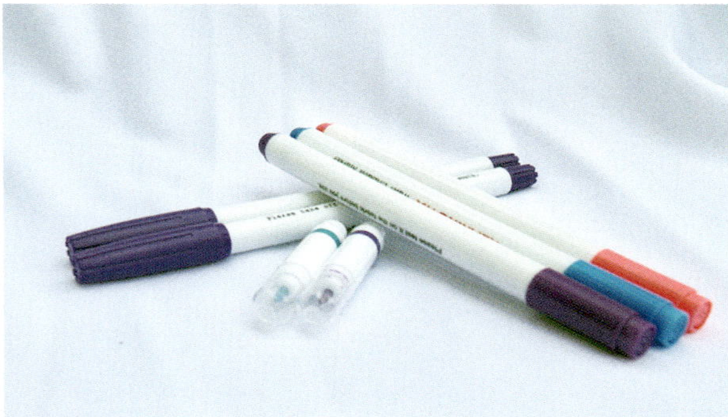

SCHNITTMUSTER MIT PATTARINA ÜBERTRAGEN

1 Schnittmuster aussuchen und Größe einstellen
Schalte die benötigten Schnittmuster in deiner App frei, indem du auf + tippst und dann dein Handy über den QR-Code hältst, der in der Anleitung oder neben dem Schnittmuster steht. Das Schnittmuster erscheint. Wenn du darauf klickst, siehst du alle wichtigen Informationen – vom Stoffverbrauch bis zu den Schnittteilen. Nun kannst du dein Nähprojekt starten und die Größe einstellen.

2 Stoff auslegen
Lege den Stoff auf der Arbeitsfläche aus, streiche ihn glatt und beschwere ihn mit Nähgewichten, damit er nicht verrutscht. Bei den meisten Schnittmustern muss der Stoff so gefaltet werden, dass er doppelt liegt. Als Nähgewichte kannst du schwere Kerzen oder Steine verwenden. Auf S. 18 findest du eine Anleitung für selbstgemachte Nähgewichte.

3 Anker platzieren

Lege den Anker auf den Stoff; achte darauf, dass er glatt auf dem Stoff liegt und sich nicht wellt. Du kannst die Außenkanten des Ankers mit Klebeband am Stoff befestigen; bitte benutze keine Nadeln, sie könnten dazu führen, dass der Anker nicht mehr glatt liegt.

4 Schnittmuster platzieren und ausrichten

Tippe nun auf das erste Schnittmuster, das du übertragen möchtest. Halte die Handykamera über den Anker, bis das Schnittmuster erscheint. Verschiebe das Schnittmuster, indem du den Anker auf dem Stoff bewegst. Du kannst es mit Hilfe des Ankers parallel zum Stoffbruch ausrichten.

5 Schnittmuster übertragen

Du siehst eine gestrichelte Linie im Bildschirm. Halte den Trickmarker in Stoffnähe, sodass du ihn auf dem Handybildschirm siehst. Nun zeichnest du mit dem Trickmarker unter dem Handy die freien Abschnitte der gestrichelten Linie nach – so kommt die Linie auf den Stoff. Du kannst entweder immer zwei Striche verbinden (oben) oder nur Punkte zwischen die Striche setzen (unten). Probiere am besten aus, welche Methode dir besser liegt.

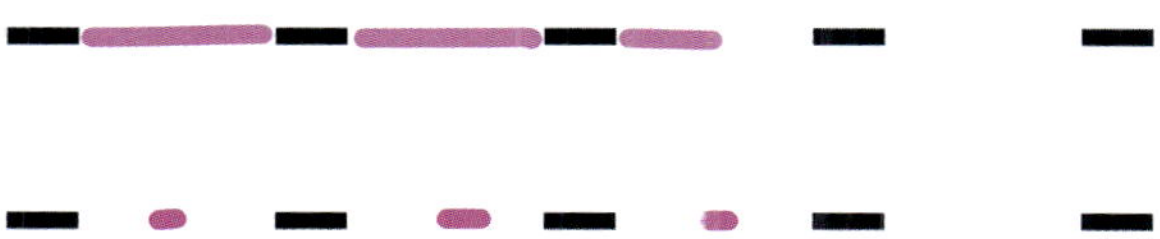

Achte darauf, den Marker nicht zu stark aufzudrücken, damit sich der Stoff nicht verschiebt. Der Anker sollte die ganze Zeit im Bildschirm zu sehen sein. Dafür musst du das Handy etwas schräg halten und dich an der Kontur entlang bewegen. Übertrage auch alle Passzeichen und anderen Markierungen, die angezeigt werden.

Das Übertragen erfordert am Anfang ein wenig Übung, denn der Blick durch die Handykamera ist nicht dreidimensional, sondern nur zweidimensional. Du siehst also nicht, wann der Stift den Stoff berührt, sondern spürst es nur in der Hand. Bei unseren Tests haben wir aber beobachtet, dass die meisten Nutzer nach dem Übertragen nur weniger Schnittmuster schon sehr sicher mit der App umgehen konnten.

6 Zuschneiden und nähen

Wenn du alle Linien und Markierungen von den Schnittmustern auf den Stoff übertragen hast, kannst du die Schnittteile ausschneiden; achte in der Zuschnittübersicht der Anleitung darauf, ob du die Schnittteile mit oder ohne Nahtzugabe zuschneiden musst. Du kannst in der App immer wieder zu deinem Nähprojekt zurückkehren und dir die Schnittteile noch mal anzeigen lassen.

DIE HÄUFIGSTEN FRAGEN RUND UM PATTARINA

FUNKTIONIERT PATTARINA MIT ALLEN STOFFEN?

Ja. Du kannst Pattarina auf allen Stoffen anwenden. Sollte ein Stoff sehr rutschig sein, hilft es, den Anker mit etwas Klebeband zu fixieren und beim Übertragen nur kleine Punkte auf den Stoff zu tippen, anstatt Liniensegmente zu zeichnen.

WOZU BRAUCHT MAN DEN ANKER?

Der Anker hilft der App dabei, sich auf dem Stoff zu orientieren und das Schnittteil mit der nötigen Präzision anzuzeigen. Deshalb ist es auch wichtig, den Anker während der Übertragung immer im Bild zu haben.

MUSS ICH DAS HANDY IMMER STILL HALTEN?

Nein, ganz im Gegenteil, du kannst dich um das Schnittteil herum bewegen. Das ist sogar nötig, um alle Linien übertragen zu können und den Anker trotzdem immer im Bild zu behalten.

KANN MAN EIN STATIV VERWENDEN?

Es gibt kein spezielles Pattarina-Stativ. Einige unserer Tester haben mit Schwanenhalsstativen, die man am Tisch festklemmt und in die man oben das Handy einspannt, gute Erfahrungen gemacht.

WIE KOMME ICH AN WEITERE SCHNITTMUSTER?

Du kannst weitere Schnittmuster per QR-Code in die App laden. Auf der Webseite www.topp.de gibt es einige zur Auswahl, aber auch auf anderen Webseiten. Schau einfach in der Pattarina-App nach, dort findest du eine Liste mit allen zur Auswahl stehenden Designern.

GIBT ES PATTARINA FÜR IOS UND ANDROID?

Ja, die Pattarina-App ist für beide Betriebssysteme verfügbar. Dein Mobiltelefon sollte nicht älter als 4 Jahre sein.

WIESO RATET IHR VON SCHNEIDERKREIDE AB?

Um mit Schneiderkreide eine Markierung auf den Stoff zu übertragen, muss man meist den Stoff an der Stelle, auf die man zeichnen möchte, spannen. Sonst malt die Kreide nicht oder man verzerrt den Stoff beim Zeichnen stark. Wenn du Pattarina verwendest, hast du in einer Hand das Handy, in der anderen den Stift zum Übertragen. Es ist also keine Hand mehr frei, mit der du den Stoff spannen könntest. Trickmarker markieren den Stoff schon bei ganz leichten Zeichenbewegungen und man kann sogar nur punktuell mit der Spitze auf den Stoff tippen. Es ist kein Spannen des Stoffes nötig.

NÄHGEWICHTE SELBST GEMACHT

Unsere selbst gemachten Nähgewichte, die verhindern, dass der Stoff beim Übertragen der Schnittmuster verrutscht, sind auf Messen und Märkten immer ein Renner. Wir zeigen dir hier, wie du sie ganz schnell herstellen kannst.

MATERIAL

Für 1 Nähgewicht
Stoffrest, ca. 30 cm x 30 cm
Webbandrest, ca. 20 cm lang
3–4 schwere Unterlegscheiben (Baumarkt)
1 Handvoll Milchreiskörner

ANLEITUNG

1 Schneide einen Stoffkreis mit ca. 25 cm Durchmesser mit der Zackenschere zu.

2 Lege die Unterlegscheiben in die Mitte des Stoffkreises und gib die trockenen Milchreiskörner dazu.

3 Klappe die Außenkanten des Stoffkreises nach oben und binde sie über der Füllung mit dem Webband zusammen.

MATERIAL-VORBEREITUNG

STOFF PRÜFEN

Man hört und liest immer wieder, dass viele Materialien „nadelfertig" sein sollen, was bedeuten würde, man kann den Stoff auf den Tisch legen und zuschneiden. Falle niemals auf diese Empfehlung rein, sondern pflege deine eigenen, vorbereitenden Rituale! Miss zum Beispiel zuallererst die gekaufte Stoffmenge nach und vergleiche diesen Wert mit dem angegebenen Stoffverbrauch für das zu nähende Modell.

Häufig sind Stoffe in gedoppeltem Zustand mit der Schere abgeschnitten, was zur Folge hat, dass der Stoff an der Schnittkante nicht fadengerade ist. Um den Stoff ganz exakt fadengerade geschnitten zu bekommen, muss man einen Schussfaden Stück für Stück durch den ganzen Stoff ziehen und an diesem leicht angezogenen, aber nun gut sichtbaren Faden entlang schneiden. Ist der Stoff nicht nach diesem „Faden-zieh-Prinzip" geschnitten, muss dies unbedingt vor dem Zuschnitt durchgeführt werden, da auch der „Querfadenlauf" für den Zuschnitt wichtig ist und sich später unschön bemerkbar machen würde.

Man sollte Stoffe auch keinesfalls reißen, statt sie zu schneiden. Bei Futterstoffen und bestimmten Einlagen ist dies möglich, alle anderen Stoffe leiden bei diesem aggressiven Vorgang derart, dass sie sich verziehen und an den Kanten auch gar nicht mehr ohne Verzug aufeinanderlegen lassen.

STOFFE WASCHEN UND BÜGELN

Alle Stoffe, die waschbar sind, solltest du vor dem Zuschnitt waschen. Dazu versäuberst du als Erstes die geschnittene Stoffkante, damit diese beim Waschvorgang nicht ausfransen kann. Fast alle Naturmaterialien laufen ein paar Zentimeter ein. Anschließend gut bügeln! Bügeln ist das A und O der Vorbereitung und unerlässlich. Angefangen vom Obermaterial und Futterstoff über Reißverschluss, Borten und Bänder. Unterlässt man das Bügeln, verändern sich viele Materialien dann erst beim Anfertigungsprozess stark, was häufig zu einer unschönen Optik des Endergebnisses führt.

Oftmals sind Stoffe überlagert und haben einen strapazierten Stoffbruch, der entweder angeschmutzt, abgerieben oder vom Licht verblichen ist. Außerdem werden viele Materialien mit der rechten Stoffseite nach außen gelagert – somit ist der Stoffbruch so nicht verwendbar. In diesem Fall muss der Stoffbruch verlegt werden, indem man ihn mittig legt und die Webkanten sich gegenüberliegen. Somit entstehen zwei neue Stoffbrüche und man kann den Zuschnitt ohne den vorgegebenen Stoffbruch ausführen.

Alles, was vor dem Zuschnitt mit der Vorbehandlung des Stoffes geschieht, kann dir später nicht mehr als Fehlerquelle zum Verhängnis werden. Einfarbige Stoffe ohne Strich sind deutlich einfacher in der Vorbereitung. Der Baumwollstoff auf den Fotos hat ein schönes klares Muster, ist aber dennoch anspruchsvoll in der Vorbereitung.

Nach dem Waschen wird der Stoff gut gebügelt und ein neuer Stoffbruch gebildet. Achte dabei darauf, dass sich in der vorderen Mitte ein schönes Motiv befindet. Damit sich der Bruch nicht mehr verschieben kann, wird dieser nun mit ein paar Stecknadeln fixiert.

Ein großer Fehler wäre es nun, die Webkanten einfach aufeinanderzulegen und mit dem Zuschnitt zu beginnen. Das kann dazu führen, dass sich ein besonders schönes Muster nicht in der vorderen Mitte, sondern versetzt davon befindet.

Bei Stoffen mit Muster verbindest du die Motive am besten an mehreren markanten Musterstellen mit Hilfe von Stecknadeln, damit es nicht zu einer Verschiebung des Musters kommen kann.

Erst wenn der gesamte zuzuschneidende Stoff an vielen Musterstellen mit Stecknadeln fixiert ist, widmest du dich dem Zuschnitt.

WERKZEUG

DIE KLASSISCHE ZUSCHNEIDESCHERE

Die Zuschneideschere sollte qualitativ so hochwertig sein, dass sich die Investition ein Leben lang auszahlt. Sie sollte gut in der Hand liegen und gut durch den Stoff gleiten. Der untere Griff der Schere muss unbedingt so groß sein, dass alle vier Finger bequem in den Griff passen. Es gibt nichts Schmerzhafteres, als wenn sich die Finger im Griff überlappen! Das merkt man spätestens beim Zuschneiden von dicken Stoffen. Die Schere sollte auch groß genug sein. Ideal ist eine Länge von 24 bis 27 cm. Außerdem ist es wichtig, dass die Schere nicht zu schwer ist, aber dennoch durch ihr Eigengewicht gut in der Hand liegt und sich problemlos um Kurven führen lässt.

Eine hochwertige Edelstahlschere mit einem ergonomischen Griff sorgt für hohen Zuschneidekomfort. Lange scharfe Klingen sind ideal für dicke und mehrlagige Stoffe. Eine nachstellbare Klingenschraube sorgt für verbesserte Schneideleistung.

Nimm zum Scherenkauf immer ein paar Probestoffe mit, die du am häufigsten verarbeitest, um die Schere an diesen Stoffen vor dem Kauf auszuprobieren.

ROLLCUTTER

Die Verwendung eines Rollcutters ist eine komfortable Art, um mehrere Stofflagen zu schneiden. Ideal zum Schneiden von dicken Materialien und bis zu sieben Lagen Stoff. Der Vorteil hierbei ist, dass der Rollschneider für Rechts- und Linkshänder zugleich ideal geeignet ist. Meist haben Rollschneider eine Softgrip-Grifffläche für mehr Komfort und Kontrolle beim Schneiden.

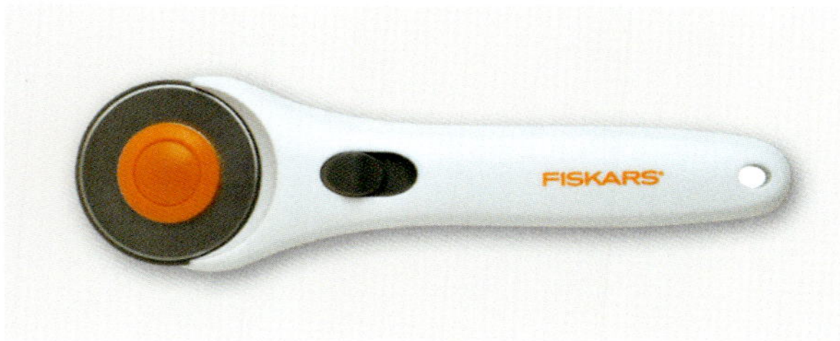

CUTTER

Im Hobbyschneiderbereich wird immer mehr der Cutter zum Zuschneiden eingesetzt. Es schneidet präzise und mühelos durch mehrlagige Materialien und ein ergonomischer Griff sorgt für Komfort. Zudem ist er für Rechts- und Linkshänder geeignet. Der Cutter ist ideal für Leder, Kunstleder und beschichtete Stoffe.

SCHNEIDEMATTE FÜR ROLLCUTTER

Hochwertige, langlebige Schneidematten mit schnittfester Oberfläche dienen als Unterlage beim Gebrauch von Cuttern und Rollschneidern.

TECHNISCHE FACHBEGRIFFE

ABNÄHER

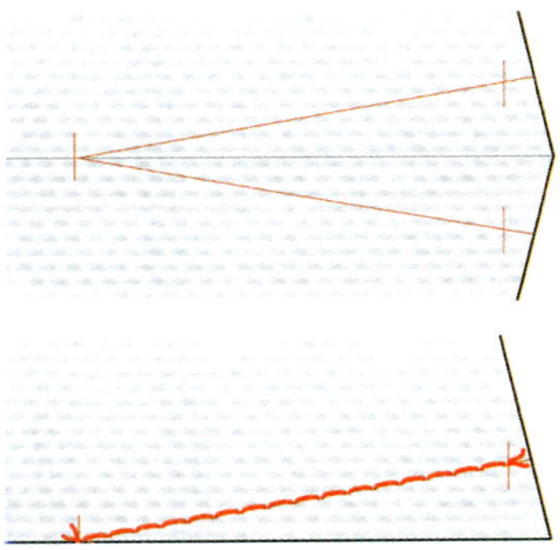

Abnäher sind spitz auslaufend abgenähte Stofffalten, die der Anpassung an die Körperformen dienen. Entsprechend der Körperformen haben diese Abnäher unterschiedlichen Inhalt, sind mal schmaler und mal breiter und sitzen an verschiedenen Stellen, wie an der Schulter, an der Taille, an der Brust, am Rücken und an den Ärmeln.

BELEG

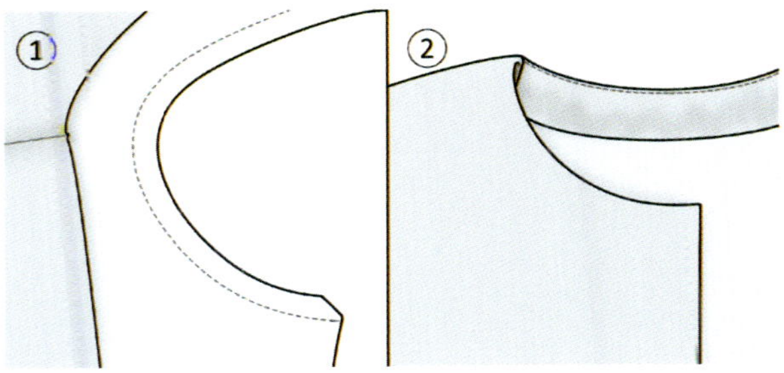

Der Beleg ist meist ein kleines Schnittteil für die Innenverarbeitung, das zum Verstürzen von bestimmten Teilarbeiten dient: Entweder am Halsloch, am Armloch, an der Formtasche oder am Jackenvorderteil.

BEQUEMLICHKEITSZUGABEN

Bequemlichkeitszugaben sind nicht zu verwechseln mit den Nahtzugaben. Sie dienen ausschließlich der Bequemlichkeit und sind bereits im Schnitt enthalten. Je nach Kleidungsstück und Material wird mit unterschiedlichen Zugaben gearbeitet. Diese sind oft sehr unterschiedlich und oftmals nicht angegeben.

Bequemlichkeitszugaben dienen zusätzlich zu deinen gemessenen Maßen nur der Bequemlichkeit. Bitte verzichte niemals darauf, sonst kannst du dich in deinem Kleidungsstück später nicht bewegen! Bequemlichkeitszugaben sind von Modell zu Modell unterschiedlich. Eine Jacke oder ein Mantel benötigen andere Zugaben als ein Kleid. Außerdem spielt die Materialstärke und ein eventueller Elastananteil eine maßgebliche Rolle.

NAHTZUGABEN

Nahtzugaben sind in der Regel nicht im Schnitt enthalten und müssen vor dem Zuschnitt auf dem Stoff angezeichnet werden. Auch hierbei ist es wichtig, nicht zu knapp anzuzeichnen. Manche Schnittmuster enthalten bereits Nahtzugaben. Hier musst du vor dem Zuschneiden keine weiteren Zugaben anzeichnen. Ob die Schnittmuster Nahtzugaben enthalten, findest du in der jeweiligen Anleitung unter „Zuschnitt".

FADENLAUF

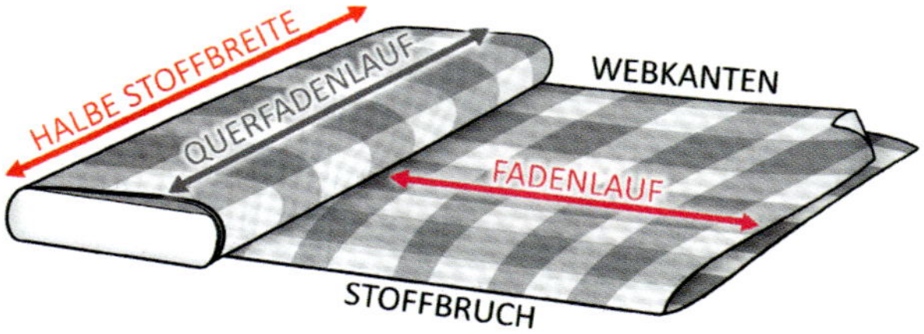

Der Fadenlauf ist immer senkrecht im Schnittmuster eingezeichnet und für den Zuschnitt unverzichtbar. Er markiert die Richtung des Kettfadens, der längs zur Stoffbreite verläuft. Mindestens genauso wichtig ist der Querfadenlauf. Er markiert die Richtung des Schussfadens und ist die Basis für die exakt durchlaufende Modelllänge bzw. für den Saumfadenlauf. Der Querfadenlauf ist bei Stoffen mit Mustern, Bordüren und Karos überaus wichtig, damit der Faden und das Muster am Saumabschluss durchläuft. Er ist nach dem Zuschnitt nicht mehr korrigierbar.

SCHRÄGER FADENLAUF

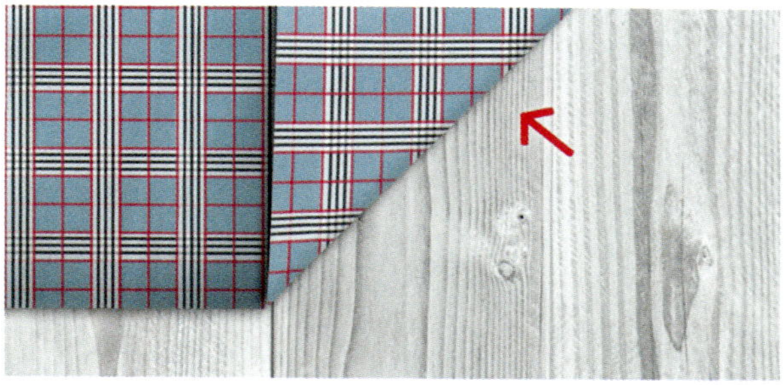

Von einem schrägen Fadenlauf spricht man, wenn der Faden exakt bei 45 Grad durch den Stoffbruch läuft. Das ist relativ einfach zu ermitteln. Man legt zwei rechtwinklige Stoffecken aufeinander. Somit entsteht ein um 45 Grad schräg verlaufender Fadenlauf, der für den Zuschnitt von Glockenröcken, Volants und Schrägstreifen überaus wichtig ist. Sollte der schräge Fadenlauf bei einem Stoffeinfass nicht exakt 45 Grad betragen, bekommt das Material unschöne Querzüge, die sich nicht mehr beseitigen lassen.

SÄUME

Säume sind genauso wie Nahtzugaben in der Regel nicht im Schnitt enthalten und müssen vor dem Zuschnitt auf dem Stoff angezeichnet werden. Wenn die Schnittmuster Saumzugaben enthalten, findest du das in der jeweiligen Anleitung unter „Zuschnitt" vermerkt. Dann musst du vor dem Zuschneiden keine weiteren Zugaben mehr anzeichnen.

STOFFBRUCH

Beim Zuschnitt liegt der Stoff Webkante auf Webkante, also doppelt gelegt auf dem Zuschneidetisch. Der Bruch, der dabei entsteht, heißt Stoffbruch. Der Stoffbruch sollte sich immer an der Außenseite des Stoffes befinden, da fast alle Materialien bis auf wenige Ausnahmen von der linken Warenseite zugeschnitten werden. Wenn der Stoff beim Zuschneiden doppelt liegt, müssen Schnittteile, die zweimal zugeschnitten werden sollen, nur einmal angezeichnet werden und können dann aus den beiden Stofflagen gleichzeitig ausgeschnitten werden. Man erhält dann automatisch zwei gegengleiche Teile.

VORDERE UND HINTERE MITTE

Vordere und hintere Mitte sind die senkrechten Mittellinien eines jeden Kleidungsstückes und bilden die Basis für einen guten Zuschnitt. Sie sollten bei der Passformkontrolle immer exakt senkrecht verlaufen.

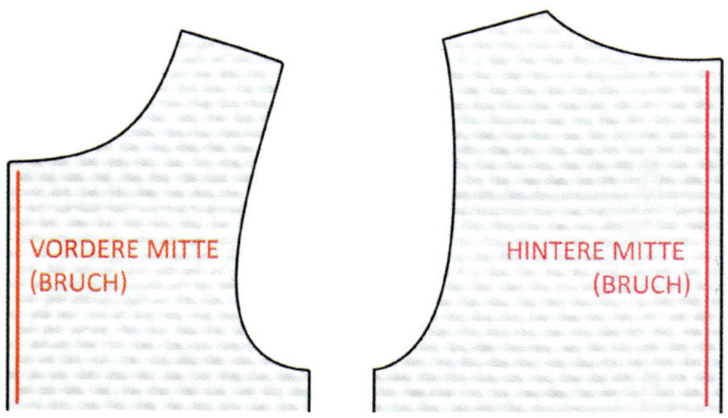

STICHE UND NADELN

ELASTIKSTICH

Der Elastikstich verläuft in eher längsgerichteten Zacken – immer vor und zurück nebeneinander. Die Nähte sind schmal und elastisch und damit sowohl zum Zusammennähen als auch für Steppnähte gut geeignet.

GERADSTICH

Der Geradstich ist beim Nähen von Jersey nicht so wichtig wie beim Verarbeiten von Webware. Denn Geradstichnähte sind nur wenig dehnbar. Trotzdem kann im Maschenlauf auch mit Geradstich genäht werden, beispielsweise beim Nähen von Bündchen zum Ring. Außerdem eignet sich der Geradstich für Steppnähte, die entweder wenig unter Spannung stehen (bei Applikationen, aufgesetzten Taschen) oder auf bereits gedehntem Stoff gearbeitet werden (bei Einfassungen).

ZICKZACKSTICH

Über einen Zickzackstich verfügt nahezu jede Nähmaschine. Beim Zusammennähen sollte eine kurze Stichlänge gewählt werden, weil sich sonst aufgrund des Zickzackverlaufes des Stichs Lücken in der Naht bilden – umso mehr, je weiter die Einstichpunkte der Zickzacknaht auseinanderliegen. Gewünscht ist ein eher schmaler Zickzackstich mit Zacken, deren Spitzen 2–3 mm Abstand zueinander haben. Grundsätzlich gilt dabei: Je flacher der Zickzackverlauf, desto weniger dehnbar ist die Naht. Im mäßig spitzen Winkel ermöglicht der Zickzackstich dehnbare Säume oder Steppnähte, und besonders eng eingestellt werden mit ihm Rollsäume gearbeitet. Auch zum Applizieren ist dieser Stich sehr wichtig.

Vor allem zum Säumen und Absteppen von dehnbaren Stoffen eignet sich der dreigeteilte Zickzackstich. Diese Nähte bleiben besonders dehnbar und überstehen problemlos selbst eine weniger pflegliche Behandlung durch Kleinkinder. Kurz eingestellt, können mit diesem Stich Nähstücke auch zusammengenäht werden.

ELASTIKSTICH

Der Elastikstich verläuft in eher längsgerichteten Zacken – immer vor und zurück nebeneinander. Die Nähte sind schmal und elastisch und damit sowohl zum Zusammennähen als auch für Steppnähte gut geeignet.

JERSEYNADEL

Eine Jerseynadel hat eine abgerundete Kugelspitze, sodass sie für Strick- und Wirkwaren geeignet ist. Die Kugelspitze sticht dabei in die Maschenzwischenräume und verhindert ein Einstechen in die Maschenfaser.

ZWILLINGSNADEL

Zwillingsnadeln sind nur für Zickzacknähmaschinen mit entsprechender Stichplatte geeignet. Ein zweiter Garnrollenhalter ist dazu aber notwendig. Für fast alle Näharbeiten sind Zwillingsnadeln erhältlich. Die Eigenschaften der Nadeln entsprechen der Einzelnadel. Geeignet für ein- und mehrfarbige Ziersteppnähte, Borten, Biesen oder Säume.

KLEINE STOFFKUNDE

Im Handel werden Stoffe in verschiedenen Breiten angeboten, überwiegend zwischen 90 cm und 150 cm. Stoffe bis 100 cm werden als einfach breit, solche zwischen 100 cm und 160 cm als doppelt breit bezeichnet. Die Länge wird individuell je nach Bedarf zugeschnitten.

Die unterschiedlichen Stoffe haben jeweils einen eigenen Charakter und besondere Qualitätsmerkmale. Wofür ein Stoff sich eignet und wie er am besten gepflegt wird, hängt von den verwendeten Fasern ab. Einige Materialien erfordern sogar besondere Verarbeitungstechniken. Für ein perfektes Nähergebnis sind daher Kenntnisse der wichtigsten natürlichen und chemischen bzw. synthetischen Fasern sowie deren Eigenschaften unerlässlich. Beim Stoffkauf können die verwendeten Fasern dem Etikett auf dem Stoffballen entnommen werden. Bei Mischgewebe sind sie in der Reihenfolge des enthaltenen Anteils aufgeführt. Baumwollstoffe lassen sich besonders gut verarbeiten, da sie problemlos für den Zuschnitt markiert werden können, leicht zu pflegen sind und ihre Kanten wenig ausfransen.

JERSEY

Single-Jersey oder Trikot ist ein einlagig gestrickter Stoff mit rechten Maschen auf der Vorder- und linken Maschen auf der Rückseite. Single-Jersey rollt sich gerne an den Kanten ein und eignet sich daher sehr gut für „rolling edges". Oft findet man ihn als Stretchjersey mit sehr hohem Tragekomfort und besten Trageeigenschaften für Kleidung. Stretchjersey lässt sich auch prima als Ersatz für Bündchenware als Halsausschnitt-, Arm- und Saumbündchen verwenden.

Wird in diesem Buch als Materialangabe allgemein von „Jersey" gesprochen, ist Single-Jersey gemeint.

SWEATSHIRTSTOFF

Sweat hat ähnlich wie Single-Jersey rechte Maschen auf der Vorderseite und Schlingen (3a) oder eine angeraute Oberfläche auf der linken Stoffseite. Der dickere Stoff eignet sich besonders gut für Jacken, Kapuzenpullover oder Sportbekleidung. Er ist auch als leichter Sommersweat erhältlich, der sich ähnlich wie Jersey einsetzen lässt. Sweatware bekommt man in ganz unterschiedlichen Qualitäten, mit Elastananteil, bedruckt, mit eingestricktem Ringelmuster etc. Bei Schnittmustern, die für Jerseystoffe ausgelegt sind, muss bei Sweat darauf geachtet werden, wie fest und dehnbar er ist. Nicht jeder Sweat eignet sich.

BÜNDCHENWARE

Bündchenware ist meist als Schlauchware gestrickter Rippenjersey mit Elastananteil und wird auch speziell für Halsausschnitt-, Ärmel-, Saum- oder Hüftbündchen angeboten.
Achte bei der Verarbeitung von Bündchenjersey unbedingt auf die unterschiedliche Dehnbarkeit. Glatte Bündchenware ist meist fester und hat bessere Rücksprungeigenschaften als Rippenbündchen, die zwar schön weich sind, aber beim Tragen in der Regel stärker ausleiern.

TEXTILE FASERN UND IHRE EIGENSCHAFTEN

PFLANZLICHE NATURFASERN

Baumwolle Weich, saug- und sehr strapazierfähig. Trocknet langsam, knittert leicht. Gut färbbar. Kann beim Waschen einlaufen, verträgt aber häufiges Waschen und ist gut bügelbar. Die Eigenschaften der Fasern können durch Textilveredelung verändert werden, so dass sie pflegeleicht bzw. schrumpffrei und knitterarm sind.

Leinen Hochwertig, matt glänzend, fusselt nicht. Sehr saug- und strapazierfähig. Fühlt sich etwas steif und kühl an. Kochfest. Je nach Veredelung niedrigere Waschtemperatur wählen, verträgt beim Bügeln starke Hitze.

TIERISCHE NATURFASERN

Wolle Elastisch und sehr saugfähig. Vorsichtig waschen, filzt leicht. Trocknet langsam.

Seide Hochwertig und glänzend. Elastisch und sehr reißfest. Je nach Qualität und Ausrüstung sehr leicht und geschmeidig oder schwer und steif, knittert leicht. Vorsichtige Handwäsche oder professionelle Reinigung, bei mittlerer Temperatur bügeln.

TIPP

Das gleiche Nähmodell kann je nach verwendeter Stoffqualität, Farbe und Muster ganz unterschiedlich wirken. Nicht alle Qualitäten sind jedoch für jedes Modell geeignet. Lass dich bei der Stoffwahl von der angebotenen Vielfalt inspirieren und gegebenenfalls beraten.

CHEMISCHE FASERN

Viskose/Rayon Besteht aus Zellulose. Preiswert. Kann glänzend oder matt und in verschiedenen Optiken hergestellt werden, so dass eine Ähnlichkeit zu Wolle, Baumwolle oder Seide besteht. Handwäsche oder professionelle Reinigung, bei mittlerer Temperatur bügeln.

Acetat Aus Zelluloseacetat. Leicht glänzend, ähnelt optisch der Naturseide. Formbeständig, knittert kaum. Maschinenwäsche möglich. Falls nötig, von links unter einem Tuch und bei niedriger Temperatur bügeln.

SYNTHETISCHE FASERN

Polyester Sehr strapazierfähig, knitterarm, form- und lichtbeständig. Weich und geschmeidig. Wenig saugfähig, trocknet schnell. Pflegeleicht: Verträgt Maschinenwäsche, falls nötig bei niedriger Temperatur bügeln.

Polyamid/Nylon Sehr hohe Reißfestigkeit. Ähnliche Eigenschaften wie Polyester, jedoch hitzeempfindlicher – falls nötig bei niedrigster Temperatur bügeln.

Polyacryl Wolliger als Polyester und Polyamid. Weich, strapazierfähig, wenig saugfähig. In warmem Wasser waschbar, falls nötig bei niedriger Temperatur bügeln.

STOFFVERBRAUCH

In den Nähanleitungen findet sich eine Stoffempfehlung mit Angabe der benötigten Menge. Diese Mengenangabe hängt jedoch von der Stoffbreite ab. Hat der gewählte Stoff eine andere Breite, können die Schnittteile vor dem Kauf z. B. auf einer zur entsprechenden Breite zusammengefalteten Tischdecke probeweise ausgelegt und so der Stoffbedarf ausgemessen werden.

Bei einigen Stoffen, z. B. solchen mit Strichrichtung, ungleichmäßigen Karos oder Streifen, müssen beim Auflegen der Schnittteile alle eingezeichneten Fadenlauf-Pfeile in die gleiche Richtung zeigen, wodurch sich der Stoffverbrauch je nach Modellgröße erhöhen kann. Folgende Besonderheiten sind zu beachten.

STOFFE MIT STRICHRICHTUNG

Materialien wie Frottier, Samt, Fleece, Velours, Nicki und Cord besitzen auf der Oberfläche kleine Schlingen oder Härchen. Dieser sogenannte Flor ist beim Darüberstreichen mit der Hand zu spüren. Sträuben sich die Härchen, so streicht man gegen den Strich. Fährt man mit dem Strich über den Stoff, so liegen alle Schlingen oder Härchen in eine Richtung und die Oberfläche fühlt sich glatt an. Beim Zuschnitt müssen alle Teile in einer Richtung aufgelegt werden, so dass die Strichrichtung identisch ist, sonst erscheinen sie später je nach Lichteinfall unterschiedlich schattiert. Die Stoffteile sollten außerdem möglichst in Strichrichtung gesteppt werden.

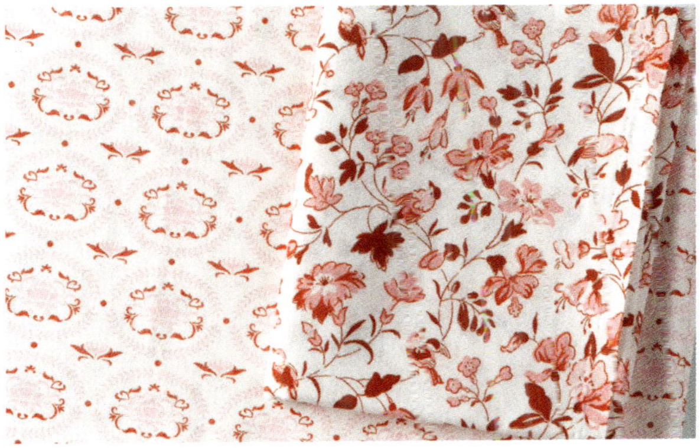

STOFFE MIT MUSTERRICHTUNG

Einige Stoffe zeigen Motive wie Blumen, Tiere oder Ornamente, die alle in die gleiche Richtung ausgerichtet sind. Auch hier müssen die Schnittteile alle in einer Richtung auf den Stoff gelegt werden, sonst stehen einige Motive später am fertigen Modell auf dem Kopf.

TIPP

Als Näheinsteiger solltest du für deine ersten Modelle besser einfarbige Stoffe oder unkomplizierte Muster wählen, bei denen man die Schnittmuster in beide Richtungen auflegen bzw. projizieren kann. So fällt der Zuschnitt leichter. Außerdem kannst du dich beim Nähen ganz auf die Technik konzentrieren und musst keine exakten Musteranschlüsse beachten.

KARIERTE STOFFE

Bei gleichmäßigen Karos (im Bild unten) erlaubt das symmetrische Muster das Auflegen der Schnittteile in beide Richtungen. Bei ungleichmäßigen Karos (im Bild oben) treffen aber nicht alle längs verlaufenden Streifen aufeinander, daher muss man die Schnittteile nur in einer Richtung auflegen. Bei zwei oder mehreren Stoffteilen muss sichergestellt werden, dass die Muster an den Saumkanten übereinstimmen. Beim Falten von Stoffen mit Karomustern darauf achten, dass die quer und längs verlaufenden Streifen an den Nähten exakt und deckungsgleich aufeinandertreffen.

TIPP

Nähmaschinen mit einem eingebauten doppelten Stofftransport führen den Stoff gleichzeitig von oben und unten. Beim Nähen von Streifen- und Karostoffen sollte auch der Obertransport eingeschaltet sein, denn er verhindert das Verschieben der Stoffe. So passt das Muster an der Naht später exakt zusammen.

GESTREIFTE STOFFE

Für gestreifte Stoffe gilt im Prinzip dasselbe wie für Karos. Haben die Stoffe ein asymmetrisches Streifenmuster (im Bild oben), können die Schnittteile nur in einer Richtung aufgelegt werden, bei gleichmäßigen Streifen (im Bild unten) in beide Richtungen. Jedoch darauf achten, dass die Streifen bei allen Teilen übereinstimmend horizontal oder vertikal verlaufen.

STOFF VORWASCHEN

Bevor Stoff verarbeitet bzw. zugeschnitten wird, sollte er je nach Pflegeempfehlung gewaschen und gebügelt werden. Vor allem Baumwolle und Leinen können beim Waschen etwas einlaufen. Nicht waschbare Stoffe und Baumwollreißverschlüsse mit dem Dampfbügeleisen oder unter einem feuchten Tuch überbügeln. Auch Bänder entsprechend vorbehandeln. Für reine Dekorationsobjekte, die später nicht gewaschen werden, ist das Vorbehandeln der Materialien nicht erforderlich.

EINLAGEN

Einlagen verwendet man, um Nähmodellen an bestimmten Stellen Festigkeit und Formbeständigkeit zu verleihen. Es gibt Vlieseinlagen und gewebte Stoffeinlagen zum Aufbügeln oder Einnähen, bekannt unter dem Markennamen Vlieseline®. Bei der Wahl einer geeigneten Einlage müssen Qualität sowie Bügel- und Pflegeeigenschaften des Stoffes berücksichtigt werden. Besonders beliebt sind Bügeleinlagen, da sie leicht zu verarbeiten sind und das Ausfransen der Stoffkanten vermindern.

Das angebotene Sortiment an Einlagen ist sehr vielfältig. In der folgenden Aufstellung finden sich Informationen zu einigen gängigen Einlagen und ihren Bezeichnungen.

BÜGELEINLAGE

H 180 Dünnes Vlies aus Synthetikfasern für sehr feine Stoffe, die sich beim Zuschneiden oder Nähen leicht verziehen.

H 250 Stabiles Vlies für leichte bis mittelschwere Stoffe, z. B. zum Verstärken von Gürteln.

S 320 Leichte und sehr feste Einlage für Deko- und Baumwollstoffe, auch Schabrackeneinlage genannt. Eignet sich z. B. für Stoffkörbchen, Taschen oder Bastelarbeiten.

H 410 Mittelschweres Vlies mit stabilisierenden Längsfäden für leichte bis mittelschwere Stoffe.

NÄHEINLAGE

S 105 Feste, stabilisierende Einlage für Stoffe, die sich nur bedingt oder gar nicht für eine Bügeleinlage eignen wie z. B. Frottier und folienbedruckte Stoffe. Zweckmäßig z. B. für robuste Taschen.

VOLUMENVLIES

H 630 Dickeres Bügelvlies für leichte bis mittelschwere Stoffe. Das synthetische Material verleiht z. B. Stepp- und Patchworkarbeiten einen wattierten Effekt sowie Taschen und Stoffbehältern eine gleichmäßige feste Oberfläche.

Schaumstoffvlies (z.B. Style-Vil) Nähbarer Schaumstoff, der vor allem zur Polsterung und Stabilisierung von Taschen verwendet wird.

TIPP

Wenn du dehnbaren oder feinen Stoff nur während des Nähens verstärken willst, kannst du dafür wasserlösliches Vlies verwenden. Es eignet sich auch fürs Maschinensticken: einfach das Vlies mit dem aufgezeichneten Muster auf den Stoff bügeln, Motiv aufsticken und anschließend das Vlies mit kaltem Wasser auflösen.

VOR DEM NÄHEN

MASSNEHMEN

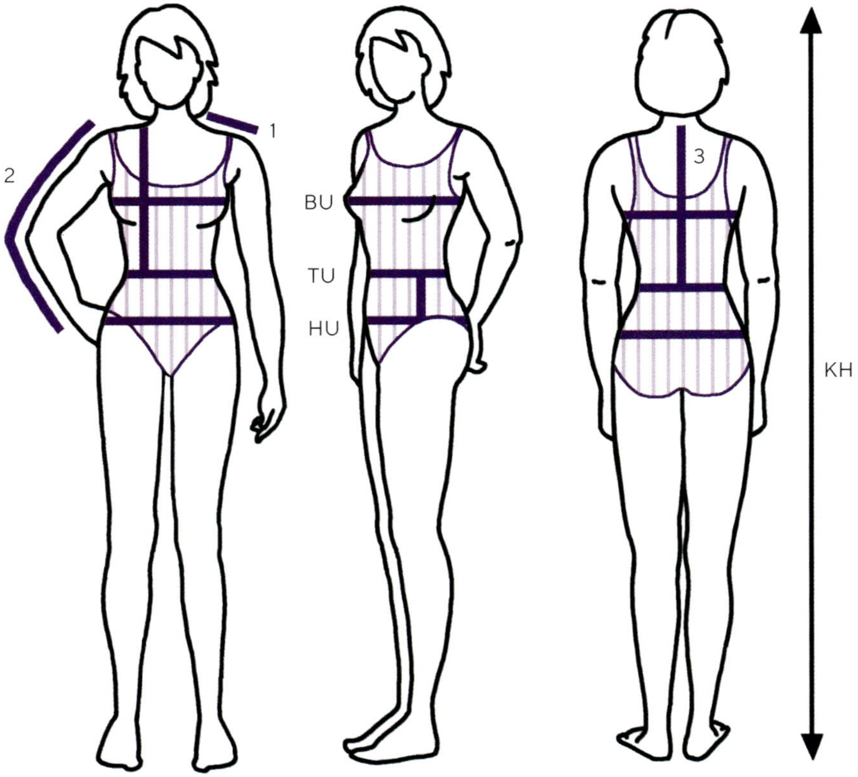

Um die richtige Größe zu ermitteln, muss zunächst Maß genommen werden, am besten in Unterwäsche oder sehr eng anliegender Kleidung mit Hilfe einer zweiten Person. Die wichtigsten Maße sind der Brustumfang (BU), Taillenumfang (TU), Hüftumfang (HU) sowie die Körperhöhe (KH). Die notierten Maße werden anschließend mit der Körpermaßtabelle verglichen.

Körperhöhe (KH): Die Körperhöhe entspricht der Körpergröße, gemessen wird ohne Schuhe vom Scheitel bis zur Sohle.

Brustumfang (BU): Gemessen wird an der stärksten Stelle der Brust. Dabei sollte ein gut sitzender BH getragen werden, wie er üblicherweise unter Kleidung getragen wird.

Taillenumfang (TU): Gemessen wird an der schmalsten Stelle der Körpermitte, das Maßband sollte eng anliegen, aber nicht schnüren.

Hüftumfang (HU): Gemessen wird an der breitesten Stelle der Hüfte.

Schulterbreite (1): Gemessen wird vom Halsansatz (dort wo eine Kette aufliegt) bis zum Schulterpunkt.

Armlänge (2): Gemessen wird von der Schulterkugel über den leicht gebeugten Ellenbogen bis zum Handgelenk.

Rückenlänge (3): Gemessen wird vom 7. Halswirbel (dieser lässt sich ertasten, es ist der oberste vorstehende Wirbel an der Wirbelsäule, wo der Hals zum Körper übergeht) bis zur Taillenlinie, an der der Taillenumfang gemessen wurde.

DIE RICHTIGE GRÖSSE ERMITTELN

Diesem Buch liegt diese Körpermaßtabelle zugrunde, Maße in cm.

Größe	34	36	38	40	42	44	46	48	50
Brustumfang	82,0	85,0	88,0	92,0	96,0	100,0	106,0	112,0	118,0
Hüftumfang	91,0	94,0	97,0	101,0	105,0	109,0	114,5	120,0	125,5
Körperhöhe	168,0	168,0	168,0	168,0	168,0	168,0	168,0	168,0	168,0
Taillenumfang	66,0	69,0	72,0	76,0	80,0	84,0	90,0	96,0	102,0
Schulterlänge	12,0	12,1	12,2	12,3	12,4	12,5	12,7	12,9	13,1
Armlänge	59,8	59,9	60,0	60,2	60,4	60,6	60,8	61,0	61,2

Die Tabelle entspricht der in der Bekleidungsindustrie gängigen Normgrößentabelle. Die Normgrößen wurden im Laufe der Jahre immer wieder überarbeitet und angepasst.

Beim Vergleich der eigenen Maße mit der Maßtabelle fallen oft zwei Dinge auf: Zum einen entsprechen die eigenen Maße ganz oft nicht genau den Maßen der Tabelle. Die wenigsten Menschen haben exakte Normgrößen, wir sind ja nicht von der Stange! Die eine Frau hat einen kräftigen Busen und eine schmale Hüfte, die andere wiederum eine flache Brust und ein breites Becken. Da können schon Abweichungen von mehreren Größen vorkommen. Hier helfen eventuell Schnittmusteranpassungen.

Zum anderen kann es vorkommen, dass du immer Konfektionsgröße 38 trägst und nun laut der vorliegenden Tabelle plötzlich Größe 42 nähen sollst. Hier gibt es keinen Grund zur Beunruhigung, es sind nur Zahlen, die später beim fertigen Kleidungsstück kein anderer sieht!

Die Körpermaßtabelle gibt nur Aufschluss darüber, welches Kleidungsstück für welche Größe passt. Dabei ist nicht berücksichtigt, wie der Designer sich das Kleidungsstück vorstellt bzw. wie die Trägerin gerne ihre Kleidung trägt.

Eine Oversize-Jacke sitzt natürlich nicht figurnah und konturiert, sondern weit und leger. Ein tailliertes Kleid sitzt am Bauch figurbetont und nicht luftig weit kaschierend. Wie hat der Designer sich das Kleidungsstück vorgestellt? Eine Körpermaßtabelle sagt nichts darüber, wie das Kleidungsstück tatsächlich sitzt bzw. wie weit oder eng es geschnitten ist.

Weiterhin ist entscheidend, wie die Trägerin selbst ihre Kleidung trägt und sich wohlfühlt. Manche tragen Kleidung figurbetont, andere fühlen sich in weiter Kleidung wohler. Es ist gut möglich, dass beide laut Normgrößentabelle die gleiche Größe haben, aber die einen im Geschäft immer zur kleineren Größe greifen, während die anderen die größere Größe wählen, sie aber noch nie einen Blick in die Normgrößentabelle geworfen haben.

MODELLE

CASUAL CHIC

EDLES LONGSLEEVE

GRÖSSE 36–46

MATERIAL

Stoff 1: Jersey in Staubblau,
140 cm x 140 cm (bis Gr. 40) /
140 cm x 150 cm (ab Gr. 42)
Stoff 2: Jersey in Silber, 140 cm x 18 cm
Einlage: Vlieseline® H 180, 18 cm x 8 cm
4 Druckknöpfe in Silber, ø 11 mm

ZUSCHNITT

Die Schnittteile bis auf die Einlage mit 1 cm Nahtzugabe, am Ärmel- und am Shirtsaum mit 3 cm Saumzugabe zuschneiden. Das Halsausschnittbündchen entsprechend der Maßangabe ohne zusätzliche Nahtzugabe zuschneiden.
Alle Markierungen auf die Schnittteile übertragen.

Stoff 1
1x Vorderteil im Stoffbruch
1x Rückenteil im Stoffbruch
2x Ärmel

Stoff 2
2x Knopfleiste
1x Halsausschnittbündchen,
4 cm x 80 % der Länge des Halsausschnitts (bei Verwendung von Bündchenware 70 % der Länge des Halsausschnitts)

Einlage
2x Knopfleiste

ANLEITUNG

1 Für die Knopfleiste das Vorderteil bis zur Markierung einschneiden, am Ende der Öffnung 1 cm nach rechts und links schräg zu den Ecken hin einschneiden. Die Knopfleisten mit Einlage verstärken, der Länge nach links auf links falten und versäubern. Die Knopfleisten nacheinander mit der versäuberten Kante bündig rechts auf rechts an beide Seiten der Öffnung im Vorderteil stecken und exakt bis zum schrägen Einschnitt feststeppen. Die Knopfleisten umklappen und die unteren, überstehenden Enden nach innen legen, sodass die Knopfleisten übereinanderliegen. Das Dreieck an der Unterkante der Öffnung im Vorderteil nach innen einschlagen. Die Knopfleiste bügeln und rundherum knappkantig absteppen. Die Druckknöpfe gemäß Markierung nach Herstelleranleitung anbringen.

2 Vorder- und Rückenteil rechts auf rechts an den Schultern bündig aufeinanderlegen und die Schulternähte schließen.

3 Den Streifen für das Halsausschnittbündchen rechts auf rechts an der Halsausschnittkante inkl. Knopfleisten leicht gedehnt annähen; stehen die Enden jeweils 1 cm über, ggf. kürzen. Die Enden an der Knopfleiste nach innen umklappen. Das Bündchen straff um die Kante auf links schlagen; dort überragt es jetzt die erste Naht um die Nahtzugabe. Nun die Einfassung von der rechten Seite aus knappkantig mit einem geeigneten Stich (z. B. elastischer Gerad- oder Zickzackstich oder mit der Zwillingsnadel) absteppen, dabei den Umschlag fixieren und die Enden an der Knopfleiste mit feststeppen. Den Umschlag vorsichtig zurückschneiden.

4 Die Ärmel mit der Armkugel passend rechts auf rechts an die Armausschnitte stecken, dabei die Passzeichen beachten. Die Ärmel einnähen.

5 Vorder- und Rückenteil sowie die Ärmel rechts auf rechts an den Seiten bündig legen und mit Stecknadeln fixieren. Die Ärmel- und die Seitennähte in einem Zug schließen.

6 Die Ärmelsäume jeweils 3 cm auf links bügeln und von rechts absteppen.

7 Den Shirtsaum 3 cm auf links bügeln und von rechts absteppen.

FÜR MINIMALISTINNEN

ÄRMELLOSES SHIRT MIT STEHKRAGEN

GRÖSSE 34–44

MATERIAL
Stoff 1: Jersey in Türkis gemustert, 140 cm x 130 cm
Vlieseinlage, Rest
Knopf, ø 15 mm

ZUSCHNITT
Vorder- und Rückenteil mit 1 cm Nahtzugabe und 2 cm Saumzugabe, den Kragen mit 1 cm Nahtzugabe, die Belege mit 1 cm Nahtzugabe, an der Außenkante ohne Nahtzugabe zuschneiden. Alle Markierungen auf die Schnittteile übertragen. Für Größe 40–44 am Vorderteil die Markierungen für die Brustabnäher übertragen und die Abnäher schließen.

Stoff 1
1x Vorderteil im Stoffbruch
1x Rückenteil im Stoffbruch
2x Kragen
1x vorderer Ausschnittbeleg im Stoffbruch
1x rückwärtiger Ausschnittbeleg im Stoffbruch

Jetzt scannen mit pattarina

ANLEITUNG

1 Die Stelle für das Knopfloch an beiden Kragenteilen auf der linken Stoffseite mit etwas Vlieseinlage verstärken.

2 Die Außenkanten der Ausschnittbelege mit der Overlockmaschine oder Zickzackstich versäubern. Unbedingt darauf achten, dass die Naht glatt liegt.

3 Die Ausschnittbelege an Vorder- und Rückteil rechts auf rechts an die Ausschnitte heften und feststeppen. Die Nahtzugabe an den Ausschnittspitzen schräg zurückschneiden und in der Mitte bis kurz vor die Naht vorsichtig einschneiden. Kanten gut ausbügeln und Belege nach innen bügeln. Die Ausschnittkanten füßchenbreit mit Geradstich oder Zierstich absteppen.

4 Beide Schulternähte rechts auf rechts heften und schließen.

5 Die Armausschnitte mit der Overlockmaschine oder einem anderen dehnbaren Stich versäubern, 5 mm auf links bügeln und wieder aufklappen.

6 Vorder- und Rückenteil rechts auf rechts legen, die Seitennähte heften und schließen.

7 Die Nahtzugabe der Armausschnitte wieder auf links klappen und knappkantig mit einem dehnbaren Stich feststeppen.

8 Die unteren Kanten der Kragenteile sorgfältig 8 mm auf links bügeln und wieder aufklappen. Die Kragenteile rechts auf rechts legen, heften und an der oberen Kante, beiden Seitenkanten und je 1 cm an der unteren Kante zusammennähen.

9 Die untere Kante des Außenkragens rechts auf rechts gemäß Markierungen an den Halsausschnitt heften. Den Kragen annähen, am vorderen Ausschnitt einfach weitersteppen, dabei innerhalb der Nahtzugabe bleiben. Den Kragen nach oben klappen, die Ausschnittkante gut ausbügeln.

10 Den Innenkragen mit eingeklappter Nahtzugabe nach innen umschlagen und festheften, sodass die erste Naht verdeckt wird. Innerhalb der Ausschnitte die Nahtzugabe etwas weiter nach innen falten, sodass die Kanten hier glatt aufeinanderliegen. Die untere Kragenkante von rechts knappkantig mit Geradstich oder einem schmalen Zierstich feststeppen. Dabei darauf achten, den Stoff beim Nähen nicht zu überdehnen, sonst schlägt der Ausschnitt Wellen.

11 Am Kragen ein Knopfloch in der passenden Größe zum Knopf fertigen. Das Shirt anziehen und die Position des Knopfes prüfen. Den Knopf annähen.

12 Den Saum 2 cm auf links bügeln und mit einem dehnbaren Stich feststeppen.

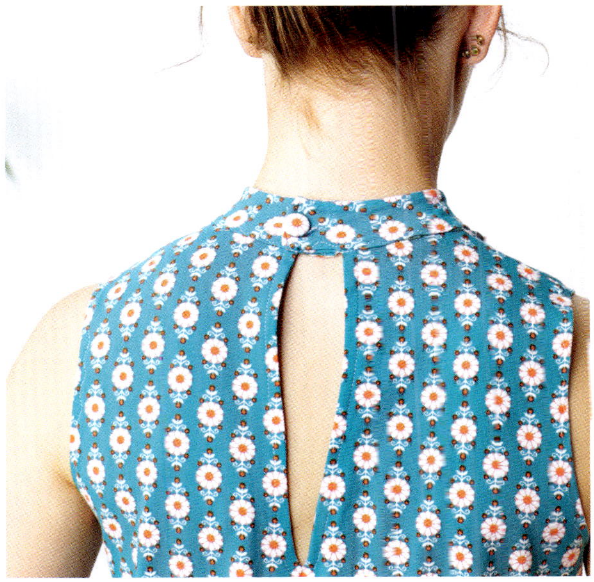

HINWEIS

Bei sehr dünnem Stoff die Belege auf der linken Stoffseite mit Vlieseinlage verstärken. Dazu die Vlieseinlage vor dem Zuschneiden auf ein ausreichend großes Stück Stoff bügeln und die Blenden dann erst zuschneiden.

SWINGING FASHION

SCHMEICHELNDER GLOCKENROCK

GRÖSSE 34–46

MATERIAL

Stoff 1: elastischer Jacquard-Stoff in Koralle mit Zackenmuster, 140 cm x 59 cm
Stoff 2: elastischer Jacquard-Stoff in Koralle mit Ornamenten, 140 cm x 66 cm
Stoff 3: elastischer Futterstoff in Ecru, 140 cm x 110 cm
Kordelband in Weiß, ø 8 mm, 1,2 m lang

ZUSCHNITT

Die Schnittmuster enthalten bereits 1 cm Nahtzugabe und 2 cm Saumzugabe am Rocksaum. Alle Markierungen auf die Schnittteile übertragen.

Stoff 1
4x mittlerer Vorderrock/Hinterrock

Stoff 2
2x seitlicher Vorderrock/Hinterrock im Stoffbruch
2x Taillenbund im Stoffbruch
1x Streifen für die Schlaufen

Stoff 3:
2x Futter Vorderrock/Hinterrock im Stoffbruch

Jetzt scannen mit
pattarina

ANLEITUNG

1 Die beiden mittleren Vorder- und Hinterrockteile jeweils an der vorderen und hinteren Mitte rechts auf rechts zusammennähen; dabei treffen die Markierungen aufeinander.

2 Die seitlichen Rockteile jeweils rechts auf rechts an den Seitenkanten an die mittleren Rockteile nähen. Die Mitte der seitlichen Teile an der oberen Bundkante markieren.

3 Die Taillenbundteile rechts auf rechts zum Ring zusammennähen. Den Bund längs mittig links auf links falten.

4 Den Streifen für die Schlaufen an den langen Seiten je 1 cm auf links bügeln und knappkantig links und rechts absteppen. Den Streifen in sechs ca. 6 cm lange Stücke schneiden. Diese Streifen jeweils zu Schlaufen falten, mit den offenen Kanten bündig auf die obere Rockkante legen und knappkantig aufsteppen, dabei die Schlaufen so anordnen, dass sie jeweils mittig auf den seitlichen und jeweils mittig auf den beiden mittleren Vorder- und Hinterrockteilen liegen.

5 Den gefalteten Bund rechts auf rechts mit den offenen Kanten bündig an die obere Bundkante des Rocks stecken, dabei treffen die Seitennähte auf die Mitte der seitlichen Rockteile; die Schlaufe liegt mittig dazwischen. Den Taillenbund mit den offenen Kanten bündig annähen.

6 Die beiden Futterrockteile an den Seitenkanten rechts auf rechts zusammennähen. Den Futterrock rechts auf rechts auf die Nahtzugabe des Außenrocks stecken, dazu den Taillenbund nach unten schlagen. Dabei treffen die beiden oberen Bundkanten der Röcke bündig aufeinander, der Bund liegt dazwischen. Den Futterrock in der zuvor genähten Naht des Taillenbunds rechts auf rechts annähen.

7 Den Saum des Außenrocks 2 cm einbügeln und absteppen. Den Saum des Futterrocks zweimal 1 cm nach innen einbügeln und absteppen.

8 Die Kordel mithilfe einer Sicherheitsnadel durch die Schlaufen ziehen und vorne zu einer Schleife binden. Die Kordelenden verknoten.

TIPPS

Sitzt der Rock an der Taille nicht eng genug, kannst du ein Gummiband einziehen.

Du kannst den Rock auch ohne Futter nähen und auch die Schlaufen und die Kordel weglassen.

LEISURE LADY

SWEAT-JOGG IM JEANSLOOK

GRÖSSE 34–46

MATERIAL

Stoff 1: Sweat in Denimblau, 150 cm x 160 cm

Gummiband, 3 cm breit, 80 cm lang (bis Gr. 38) / 100 cm lang (ab Gr. 40)

ZUSCHNITT

Die Schnittmuster enthalten bereits 1 cm Nahtzugabe und 2 cm Saumzugabe am Hosensaum. Alle Markierungen auf die Schnittteile übertragen.

Stoff 1

2x Vorderhose
2x Hinterhose
2x vordere Tasche
2x hintere Tasche
2x Taillenbund

Jetzt scannen mit
pattarina

ANLEITUNG

1 Die Schrittnähte der Vorder- und der Hinterhose schließen, dazu die Vorderhosen- und die Hinterhosenteile an der Schrittnaht bündig rechts auf rechts zusammennähen. Die Nahtzugabe zur Seite legen und mit der Coverlockmaschine oder mit einem Zierstich der Nähmaschine absteppen.

2 Den Eingriff an den vorderen Taschen nach innen einbügeln und mit einer Coverlockmaschine oder mit einem Zierstich absteppen. Die Taschen an der Seitennaht und der oberen Bundkante bündig auf die rechte Stoffseite der Vorderhose legen. Mit der Coverlockmaschine oder mit einem Zierstich aufnähen. Du kannst die Vordertaschen auch doppelt zuschneiden, verstürzen und dann erst aufnähen. Hübsch sieht es aus, eine Schleife zu binden und diese vorne mittig auf den Bund zu nähen.

3 Den Eingriff an den hinteren Taschen nach innen einbügeln und absteppen. Die Taschen auf die rechte Stoffseite der Hinterhose stecken und mit der Coverlockmaschine oder mit einem Zierstich aufnähen.

4 Die Vorderhose rechts auf rechts auf die Hinterhose legen und die äußeren Seitennähte schließen. Die Nahtzugaben in Richtung Hinterhose legen und mit der Coverlockmaschine oder mit einem Zierstich von rechts absteppen. Die inneren Seitennähte schließen. Die Hose wenden und ausbügeln.

5 Die Taillenbundteile rechts auf rechts an den kurzen Kanten zum Ring zusammennähen. Den Bund längs mittig links auf links falten und bügeln.

6 Den Bund rechts auf rechts mit den offenen Kanten bündig aufeinander an die obere Bundkante der Hose stecken, dabei treffen die Seitennähte von Taillenbund und Hose aufeinander. Den Bund annähen, dabei eine kleine Öffnung lassen. Das Gummiband individuell abmessen, mithilfe einer Sicherheitsnadel in den Bund einziehen und die Enden flach zusammennähen. Die Öffnung schließen.

7 Den Hosensaum 2 cm nach innen einschlagen und absteppen.

HINWEIS

Für die Hose eignen sich alle dehnbaren Stoffe, z. B. gestrickter Denim, Baumwolljersey oder weiche Sweatshirtstoff-Qualitäten.

SUMMER BASIC

KLEID MIT FLÜGELÄRMELN

GRÖSSE 34–50

MATERIAL

Stoff 1: Viskose in Blau mit blauem Bordürenmuster, 140 cm x 155 cm (bis Gr. 42), 140 cm x 170 cm (Gr. 44 und 46), 140 cm x 225 cm (Gr. 48 und 50)

Einlage: Vlieseline® H180, 90 cm x 30 cm

ZUSCHNITT

Die Schnittteile mit 1 cm Nahtzugabe, am Saum mit 2 cm Saumzugabe zuschneiden. Alle Markierungen auf die Schnittteile übertragen.

Stoff 1

1x Vorderteil im Stoffbruch
1x Rückenteil im Stoffbruch
2x Flügelärmel
1x vorderer Beleg im Stoffbruch
1x rückwärtiger Beleg im Stoffbruch

Einlage

1x vorderer Beleg im Stoffbruch
1x rückwärtiger Beleg im Stoffbruch

Jetzt scannen mit pattarina

ANLEITUNG

1 Die Brustabnäher am Vorderteil mittig rechts auf rechts falten und entlang der spitz zulaufenden Linie abnähen, dabei an der breiten Seite beginnen und den letzten Stich hinter der Spitze „ins Leere" stechen, den Faden lang abschneiden und verknoten. Den Abnäher nach unten bügeln. Die Taillenabnäher an Vorder- und Rückenteil sind optional und werden noch nicht genäht.

2 Das Vorderteil rechts auf rechts auf das Rückenteil legen und die Schulternähte schließen.

3 Die Belege auf der linken Stoffseite mit Einlage verstärken und zunächst nur an der Schulternaht versäubern. Vorderen und rückwärtigen Beleg rechts auf rechts legen und die Schulternähte schließen. Die Nahtzugaben auseinanderbügeln. Anschließend die Außenkante des Belegs rundherum versäubern.

4 Den Beleg rechts auf rechts auf den Halsausschnitt des Kleids stecken und annähen. Die Nahtzugabe etwas zurückschneiden und an der Spitze des V-Ausschnittes vorsichtig bis kurz vor die Naht einschneiden. Den Beleg wenden und den Ausschnitt gut bügeln.

5 Den Halsausschnitt knappkantig absteppen. Du kannst den Beleg mit einigen Stichen an der Nahtzugabe der Schulternähte fixieren, damit er nicht nach außen klappt.

6 Die Ärmel rechts auf rechts gemäß Passzeichen an den Armausschnitt stecken und annähen. Die Nahtzugaben auseinanderbügeln. Vorder- und Rückenteil sowie die Ärmel bündig rechts auf rechts legen und die Ärmel- und die Seitennähte jeweils in einem Zug schließen.

7 Die Säume an Ärmeln und Unterkante versäubern, die Saumzugabe auf links bügeln und festnähen.

8 Das Kleid hat am Vorder- und Rückenteil optionale Taillenabnäher. Wenn das Kleid figurnah sitzen soll, kannst du diese zusätzlich nähen. Dazu die Abnäher längs mittig rechts auf rechts falten und entlang der Markierung nähen, dabei einen Stich vor der Spitze beginnen und den letzten Stich „ins Leere" setzen, Anfangs- und Endfäden verknoten. Den Abnäher ggf. an der breitesten Stelle vorsichtige einschneiden, damit er sich besser legt, und zur Mitte bügeln. Bei leicht fließenden Stoffen empfiehlt es sich, nur die Taillenabnäher am Rückenteil zu nähen. Bei etwas festeren Stoffen kannst du zusätzlich auch die Taillenabnäher am Vorderteil nähen. Vorher immer das Kleidungsstück anprobieren und die Abnäher abstecken.

LIEBLINGSHOODIE

KUSCHELWEICHER KAPUZENPULLI

HINWEIS

Das Schnittmuster enthält zusätzlich eine Schnittkante für lange Ärmel ohne Saumbündchen sowie im Vorder- und Rückenteil eine Schnittkante für eine Variante ohne Saumbund. Die Säume dann jeweils 2 cm auf links bügeln und von rechts absteppen.

GRÖSSE 36–46

MATERIAL

Stoff 1: Jersey in Grau mit hellblauen Vögeln,
140 cm x 155 cm

Stoff 2: Jersey in Hellblau, 140 cm x 30 cm

ZUSCHNITT

Die Schnittteile mit 1 cm Nahtzugabe zuschneiden, das Kapuzenbündchen entsprechend der Maßangabe ohne Nahtzugabe zuschneiden. Alle Markierungen auf die Schnittteile übertragen.

Stoff 1

1x Vorderteil im Stoffbruch (Schnittkante Bündchen)
1x Rückenteil im Stoffbruch (Schnittkante Bündchen)
2x Ärmel (Schnittkante Bündchen)
2x Kapuze
1x Tasche im Stoffbruch

Stoff 2

2x Ärmelsaumbündchen
1x Saumbund im Stoffbruch
2x Taschenbündchen
1x Kapuzenbündchen, 6 cm x 80 % der Länge des Kapuzenausschnitts (bei Verwendung von Bündchenware 70 % der Länge des Kapuzenausschnitts)

Jetzt scannen mit pattarina

ANLEITUNG

1 Die Taschenbündchen der Länge nach links auf links falten. Die Bündchen anschließend rechts auf rechts mit den offenen Kanten bündig an die Tascheneingriffe stecken und leicht gedehnt annähen. Die Taschenbündchen umklappen und von rechts knappkantig absteppen.

2 Die Nahtzugaben an Oberkante und Seitenkanten der Tasche auf links bügeln. Tasche und Vorderteil an der vorderen Mitte (Stoffbruch) falten und bügeln. Die Tasche und Vorderteil jeweils an der Bügellinie und bündig an der Unterkante aufeinanderlegen und feststecken. Die Tasche an der Oberkante und den Seitenkanten mit einer oder zwei Reihen Geradstich annähen, dabei Nahtanfang und -ende gut mit Rückstichen sichern. Die Unterkante der Tasche mit großer Stichlänge an die Unterkante des Pullovers heften, um später das Annähen des Bündchens zu erleichtern.

3 Die Kapuzenteile rechts auf rechts legen und an der gebogenen Scheitelnaht zusammennähen. Das Kapuzenbündchen der Länge nach links auf links falten, leicht gedehnt rechts auf rechts an die Vorderkante der Kapuze stecken und festnähen. Das Kapuzenbündchen umklappen und die Nahtzugabe knappkantig von rechts mit einem dehnbaren Stich absteppen.

4 Vorder- und Rückenteil rechts auf rechts aufeinanderlegen und die Schulternähte schließen.

5 Die vordere Mitte und die hintere Mitte am Halsausschnitt markieren. Die Kapuze rechts auf rechts am Halsausschnitt feststecken, dabei trifft die Scheitelnaht auf die hintere Mitte und die Passzeichen der Kapuze auf die Schulternähte; an der vorderen Mitte überlappt die Kapuze 4 cm. Die Kapuze an den Halsausschnitt nähen. Die Nahtzugaben in den Halsausschnitt legen und knappkantig von rechts mit einem sehr dehnbaren Stich absteppen.

6 Die Ärmel mit der Armkugel passend rechts auf rechts an die Armausschnitte stecken, dabei die Passzeichen beachten. Die Ärmel annähen.

7 Vorder- und Rücken teil rechts auf rechts legen und die Ärmel- und die Seitennähte jeweils in einem Zug schließen.

8 Den Saumbund und die Ärmelsaumbündchen jeweils rechts auf rechts an den kurzen Kanten zum Ring zusammennähen. Auf rechts wenden und der Länge nach links auf links falten.

9 Den Saumbund mit den offenen Kanten bündig gleichmäßig gedehnt rechts auf rechts an die Unterkante des Kapuzenpullis stecken und annähen, dabei die Bauchtasche mitfassen.

10 Die Ärmelsaumbündchen mit den offenen Kanten leicht gedehnt rechts auf rechts an die Ärmel nähen. Die Nahtzugaben in Vorder- und Rückenteil legen und mit dehnbarem Stich (Zickzack-, Elastik- oder dreifachem Geradstich) absteppen, dabei ggf. Nähfußdruck reduzieren, damit sich das Bündchen nicht wellt.

TIPP

Der Rock lässt sich beliebig verlängern oder kürzen, dazu einfach das Rockteil statt 85 cm entsprechend länger oder kürzer zuschneiden.

SOMMERLIEBE

LUFTIGER MAXIROCK

GRÖSSE 36–46

MATERIAL

Stoff 1: Viskose-Jersey in Hellgrau mit schwarzem Farnenmuster, 140 cm x 110 cm

ZUSCHNITT

Den Taillenbund mit 1 cm Nahtzugabe zuschneiden. Das Rockteil entsprechend der Maßangabe ohne zusätzliche Nahtzugabe zuschneiden. Wenn der Rock gesäumt werden soll, das Rockteil mit 3 cm Saumzugabe zuschneiden. Alle Markierungen auf die Schnittteile übertragen.

Stoff 1

1x Rockteil, 85 cm x 140 cm

1x Taillenbund im Stoffbruch

ANLEITUNG

1 Den Taillenbund rechts auf rechts an den kurzen Kanten zum Ring zusammennähen. Auf rechts wenden und der Länge nach links auf links falten.

2 Den Rock an der Oberkante raffen, sodass die Rockweite der Weite des Taillenbundes entspricht. Dazu an der Oberkante innerhalb der Nahtzugabe eine Naht mit Geradstich (Oberfadenspannung auf nahezu Null reduzieren) setzen, Nahtanfang und Nahtende nicht verriegeln, die Fadenenden lang abschneiden und den Stoff entlang des Unterfadens zusammenschieben. In den kleinen Größen ist der Maxirock etwas stärker gerafft, in den großen Größen entsprechend weniger.

3 Den Rock rechts auf rechts legen, so dass die geraffte Oberkante bündig aufeinanderliegt. Die Seitennaht schließen.

4 Den Taillenbund mit den offenen Kanten bündig rechts auf rechts gleichmäßig an die Oberkante des Rocks stecken und annähen.

5 Wenn du den Rock säumen möchtest, den Rocksaum 3 cm auf links bügeln und von rechts absteppen.

FLOWER POWER

LÄSSIGES BLUSENSHIRT

●●○

GRÖSSE 34–46

MATERIAL

Stoff 1: leichter Blusenstoff in Hellblau mit Blumenmuster, 140 cm x 120 cm (bis Gr. 38) / 140 cm x 180 cm (ab Gr. 40)
Stoff 2: Fertigbündchen in Aubergine-Hellblau-Weiß geringelt, 7 cm breit, 112 cm lang (bis Gr. 38) / 120,5 cm lang (ab Gr. 40)
Einlage: Vlieseline® H 200, Rest
Jerseynadel (für die Bündchen)

ZUSCHNITT

Die Schnittteile mit 1 cm Nahtzugabe zuschneiden. Die Maßangaben für das Bindeband und die Bündchen enthalten bereits Nahtzugaben. Wenn die Stoffbreite nicht ausreicht, das Bindeband aus zwei Streifen zusammensetzen. Alle Passzeichen und Markierungen auf die Schnittteile übertragen.

Stoff 1

1x Vorderteil im Stoffbruch
1x Rückenteil im Stoffbruch
2x Ärmel
1x Bindeband, 6 cm x 140 / 140 / 145 / 145 / 155 / 155 / 165 cm lang

Stoff 2

1x Halsbündchen im Stoffbruch
2x Armbündchen, 7 cm breit, 18 / 18 / 18,5 / 18,5 / 19,5 / 19,5 / 20 cm lang

ANLEITUNG

1 Vorder- und Rückenteil rechts auf rechts aufeinanderlegen und die Seitennähte schließen. Die Nahtzugaben zusammengefasst versäubern und nach hinten bügeln. Auf rechts wenden.

2 Die Seitenkanten der Ärmel rechts auf rechts legen, feststecken und die Ärmelnähte schließen. Die Nahtzugabe zusammengefasst versäubern und nach vorne bügeln. Die Ärmel auf rechts wenden.

3 Die Ärmel rechts auf rechts in die Armausschnitte stecken, dabei darauf achten, dass das Passzeichen vorne im Ärmel über dem Passzeichen im Vorderteil liegt und das Passzeichen hinten im Ärmel über dem Passzeichen im Rückenteil liegt. Die Ärmelnaht trifft auf die Seitennaht des Shirts. Die Ärmel in die Armausschnitte nähen, die Raglannaht durchgehend steppen. Die Nahtzugaben zurückschneiden, zusammengefasst versäubern und in Richtung Ärmel bügeln.

4 Die Jerseynadel in die Nähmaschine einsetzen. Die kurzen Seiten des Halsbündchens rechts auf rechts legen und mit Geradstich zusammensteppen. Die Nahtzugabe auf ca. 5 mm zurückschneiden und auseinanderbügeln. Von rechts mit einem breiten, dreifachen Zickzackstich über die Naht nähen und dabei die Nahtzugabe fixieren. Alternativ kannst du die Kanten der Nahtzugabe mit Zickzackstich feststeppen.

5 Das Halsbündchen rechts auf rechts an die Ausschnittkante legen, dabei darauf achten, dass die Passzeichen aufeinandertreffen; die Bündchennaht auf die hintere Mitte setzen. An den Passzeichen und der Bündchennaht mit Stecknadeln fixieren. Das Bündchen mit Geradstich annähen, dabei die Stofflagen zwischen den Nadeln gleichmäßig dehnen.

6 Die Nahtzugaben zusammengefasst versäubern, das Bündchen nach oben klappen und die Nahtzugaben in Richtung Kleidungsstück bügeln.

7 Die kurzen Seiten der Armbündchen rechts auf rechts legen und zu einem Ring zusammennähen. Die Nahtzugaben auf ca. 5 mm zurückschneiden und auseinanderbügeln. Von rechts mit einem breiten, dreifachen Zickzackstich über die Naht nähen und dabei die Nahtzugabe fixieren. Alternativ kannst du die Kanten der Nahtzugabe mit einem einfachen Zickzackstich festnähen. **Tipp:** Die Ärmel kannst du beliebig kürzen und mit Gummizug arbeiten.

8 Die Unterkanten der Bündchen und die Ärmelsaumkanten jeweils mit Stecknadeln in Viertelstrecken einteilen. Die Bündchen rechts auf rechts an die Saumkanten stecken, an den Markierungen mit Stecknadeln fixieren. Die Bündchen annähen, dabei die Stofflagen zwischen den Nadeln gleichmäßig dehnen.

9 Die Nahtzugaben zusammengefasst versäubern, die Bündchen nach oben klappen und die Nahtzugabe in Richtung Ärmel bügeln.

10 Alle Nahtzugaben des Bindebands auf links bügeln. Das Band mittig längs links auf links bügeln, die Kanten mit Stecknadeln fixieren und knappkantig absteppen.

11 Am Saum die Knopflöcher wie im Schnitt markiert anzeichnen und auf der linken Stoffseite mit Einlage verstärken. Die Knopflöcher nähen. Anstelle von Knopflöchern kannst du den Saum mit Gummiband arbeiten. Dafür Vorder- und Rückenteil mit entsprechend mehr Saumzugabe zuschneiden (Höhe Gummiband + 5 mm Weitenzugabe + 1 cm Nahtzugabe) und am Saum einen Tunnel für den Gummizug nähen.

12 Die Nahtzugabe am Saum auf links bügeln. Den Saum an der Falzlinie nach innen umbügeln und knappkantig feststeppen.

13 Das Bindeband mit Hilfe einer Sicherheitsnadel in den Tunnelzug einziehen. Das Bindeband genau hälftig legen und an der rechten Seitennaht festnähen. Die Naht gut verriegeln.

HINWEIS

Fertigbündchen liegen bereits doppelt, sind in der Höhe fertig zugeschnitten und haben eine saubere Kante, sodass sie nur noch auf die gewünschte Länge zugeschnitten werden müssen. Bei Fertigbündchen daher nur den farbig unterlegten Teil auf dem Schnittmuster zuschneiden, die Kragenkante ist die saubere Kante des Fertigbündchens. Wenn du normale Bündchenware verwendest, schneidest du das komplette Halsbündchenteil zu. Die Bündchenlängen vor dem Zuschnitt nochmal am eigenen Körper ausprobieren und gegebenenfalls anpassen.

WINDELFLITZER UNTERWEGS

BEQUEMER SPIELANZUG

GRÖSSE 50–92

MATERIAL

Stoff 1: Sweat oder Jersey in Grau gemustert, 140 cm x 70 cm (bis Gr. 68) / 140 cm x 90 cm (ab Gr. 74)
Stoff 2: Jerseybündchen in Ecru, 50 cm x 30 cm
8 / 11 Jerseydruckknöpfe in passender Farbe
Zierknopf „Igel"
Dreieck aus Kunstleder in Rosa, Seitenlänge 4 cm

ZUSCHNITT

Die Schnittteile mit 1 cm Nahtzugabe, an Ärmel- und Beinsäumen mit 1,5 cm Saumzugabe zuschneiden. Alle Markierungen auf die Schnittteile übertragen.

Stoff 1
1x Vorderteil
1x Rückenteil
2x Ärmel
1x Zwickel
1x Schrittbeleg im Stoffbruch

Stoff 2
1x Knopfleiste Bein im Stoffbruch
1x Einfassstreifen für den Halsausschnitt, 4 cm x 80 % der Länge des Halsausschnitts

ANLEITUNG

1 Auf das Vorderteil die rosafarbene Applikation und den Igel-Knopf nähen. Den Zierknopf besonders fest annähen und eventuell mit einem Gegenknopf sichern.

2 Den Schrittbeleg mit elastischem Stich oder der Overlockmaschine rechts auf rechts auf die Hosenschrittnaht des Vorderteils nähen. Den Beleg nach innen wenden, die Umbruchkante gut ausbügeln und den Beleg feststeppen.

3 Den Zwickel mittig rechts auf rechts auf das Rückenteil des Anzugs auf die Hosenschrittnaht nähen. Die Knopfleiste rechts auf rechts auf die Hosenschrittnaht des Rückenteils nähen. Die Leiste nach innen wenden, sauber bügeln und absteppen.

4 Das Vorderteil rechts auf rechts auf das Rückenteil legen und die linke Schulternaht schließen.

5 Das Halsbündchen längs rechts auf rechts legen und die kurzen Enden zusammennähen. Das Bündchen längs links auf links legen, bündig rechts auf rechts am Halsausschnitt feststecken und annähen.

6 Für die Knopfleisten an der rechten Schulter beide Schulterkanten mit der Overlockmaschine versäubern. Die Kanten 1 cm nach innen klappen und absteppen. Die hintere Schulterknopfleiste über die vordere Schulterknopfleiste legen und 1 cm überlappend an der Armausschnittkante aufeinandersteppen.

7 Die Ärmel rechts auf rechts auf die Armausschnitte legen, dabei darauf achten, dass die Passzeichen aufeinandertreffen. Die Ärmel mit der Overlockmaschine einnähen.

8 Die Seitennaht in einem Zug schließen, beginnend am Fußsaum bis hin zum Ärmelsaum.

9 Die Säume der Ärmel und der Beine 1–1,5 cm nach innen klappen und mit der Zwillingsnadel absteppen.

10 Die Druckknöpfe in gleichmäßigen Abständen an der Schulterknopfleiste (ein Knopf bis Größe 68, zwei ab Größe 74) und der Beinknopfleiste (sieben Knöpfe bis Größe 68, neun ab Größe 74) nach Herstelleranleitung befestigen.

TIPP

Den Anzug gibt es auch in einer Variante mit kurzen Ärmeln und Beinen.

TIPP

Die Hose sieht auch aus nur einem Stoff gearbeitet cool aus. Schneide dafür alle Hosenteile aus demselben Stoff zu. Du brauchst 70 cm x 140 cm (bis Gr. 116) bzw. 80 cm x 140 cm (ab Gr. 122) Stoff.

COOLER AUFTRITT

JOGG-JEANS IM PATCHWORK-STYLE

GRÖSSE 98–134

MATERIAL

Stoff 1: Sweat oder Jersey in Dunkelblau gemustert, 140 cm x 60 cm (bis Gr. 116) / 140 cm x 70 cm (ab Gr. 122)

Stoff 2: Sweat oder Jersey in Gelb, 140 cm x 25 cm

Stoff 3: Sweat oder Jersey in Dunkelblau, 140 cm x 15 cm

Stoff 4: Bündchenstoff in Dunkelblau, 50 cm x 40 cm

ZUSCHNITT

Die Schnittteile mit 1 cm Nahtzugabe zuschneiden. Alle Markierungen auf die Schnittteile übertragen.

Stoff 1

2x Hinterhose
2x obere Vorderhose
2x untere Vorderhose
2x hinterer Taschenbeutel
2x vorderer Taschenbeutel

Stoff 2

2x mittlere Vorderhose 1

Stoff 3

2x mittlere Vorderhose 2
2x mittlere Vorderhose 3

Stoff 4

1x Bauchbündchen, 22 cm x 70 % der Länge der Bundkante
2x Beinbündchen, 9 cm x 80 % der Länge des Beinsaums

ANLEITUNG

1 Für die Taschen die vorderen Taschenbeutel rechts auf rechts auf die obere Vorderhose in die Tascheneingriffe stecken und entlang des Tascheneingriffs festnähen. Die Tascheninnenteile auf die linke Seite klappen und die Kante knappkantig absteppen. Die hinteren Taschenbeutel auf die vorderen stecken und die Taschenbeutel zusammennähen. Die Taschenbeutel an der Seitennaht der Hosenvorderteile innerhalb der Nahtzugabe fixieren.

2 Für beide Vorderhosenbeine jeweils die obere Vorderhose, die mittlere Vorderhose 1, 2 und 3 sowie die untere Vorderhose in dieser Reihenfolge von oben nach unten rechts auf rechts zusammennähen. Alle Teilungsnähte von rechts knappkantig absteppen. Du kannst zum Absteppen auch ein Garn in Kontrastfarbe verwenden.

3 Die Vorderhose und Hinterhose jeweils rechts auf rechts legen, die Seitennähte und die Innenbeinnähte schließen.

4 Ein Hosenbein auf rechts wenden, das andere auf links lassen. Die Hosenbeine rechts auf rechts ineinanderschieben, sodass die Nähte aufeinandertreffen. Die Schrittnaht schließen. Die Hose wenden. Den Scheinschlitz auf die linke Seite legen, bügeln und von rechts knappkantig feststeppen.

5 Das Bauchbündchen rechts auf rechts an den kurzen Kanten zum Ring zusammennähen. Das Bündchen der Länge nach mittig links auf links falten und bügeln. Das Bündchen rechts auf rechts an die Hose nähen, dabei die Weite gleichmäßig verteilen. Die Nahtzugabe in die Hose legen und bügeln. Die Beinbündchen genauso annähen.

FÜR BOYS UND GIRLS

BEQUEMES BAGGY-SHIRT

TIPP

Dieses Shirt wirkt am besten, wenn du leichten Jersey, Slub-Jersey oder Viskose-Jersey verwendest.

GRÖSSE 98–134

MATERIAL

Stoff 1: Jersey in Dunkelblau oder Hellgrau gemustert, 140 cm x 70 cm (bis Gr. 116) / 140 cm x 80 cm (ab Gr. 122)

ZUSCHNITT

Die Schnittteile mit 1 cm Nahtzugabe, am Halsausschnitt ohne Nahtzugabe, an Shirtunterkante und Ärmeln mit 2 cm Saumzugabe zuschneiden. Alle Markierungen auf die Schnittteile übertragen.

Stoff 1

1x Rückenteil im Stoffbruch
1x Vorderteil im Stoffbruch
1x Halsbündchen, 4 cm x 80 % der Halsausschnittweite

Jetzt scannen mit pattarina

ANLEITUNG

1 Das Vorder- und das Rückenteil rechts auf rechts aufeinanderlegen und die Schulternähte mit einer Overlocknaht schließen.

2 Das Halsbündchen rechts auf rechts an den kurzen Kanten zum Ring zusammennähen. Das Bündchen der Länge nach mittig links auf links falten, in den Ausschnitt stecken und gleichmäßig gedehnt annähen.

3 Die Seitenkanten und die Armausschnitte mit der Overlockmaschine versäubern.

4 Die Seitennähte mit einem Geradstich bis zur Markierung schließen.

5 Die Ärmelsäume auf links klappen und von rechts feststeppen.

6 Die untere Ärmelöffnungsnaht mit einem kurzen Geradstich sichern.

PINK HIPPIE

LÄSSIGE UMHÄNGETASCHE

●●○

GRÖSSE 15 cm x 20 cm

MATERIAL

Stoff 1: Sweat in Pink, 140 cm x 40 cm
Stoff 2: Kunstleder in Rosa metallic, 140 cm x 40 cm
Fransenborte in Pink-Orange, 60 cm lang
Paspel in Pink, 1,80 m lang
Gurtband in Pink, 25 mm breit, 1,80 m lang
2 D-Ringe in Kupfer, 25 mm breit
Schieber in Kupfer, 25 mm breit
2 Karabiner in Kupfer, 25 mm lang
Quaste in Rosa, 8 cm lang
Plotterdots in Kupfer, ø 13 mm

ZUSCHNITT

Die Schnittteile mit 1 cm Nahtzugabe zuschneiden. Alle Markierungen auf die Schnittteile übertragen.

Stoff 1
2x Korpus
1x Boden im Stoffbruch
1x Lasche

Stoff 2
2x Korpus
1x Boden im Stoffbruch
1x Lasche

Jetzt scannen mit
pattarina

ANLEITUNG

1 Die Fransenborte und ein Stück Paspel in der passenden Länge rechts auf rechts auf die Außenkante des äußeren Laschenteils steppen. Wenn die Fransen nicht über dem Eingriff sein sollen, sondern nur auf der Vorderseite aufliegend, die Verzierungen nur von Markierung zu Markierung nähen. Die Plotterdots vorsichtig mit Backpapier zwischen Leder und Bügeleisen auf die rechte Stoffseite der Taschenlasche bügeln. Die Quaste an der Spitze der Lasche mit ein paar Stichen fixieren.

2 Beide Laschenteile rechts auf rechts an den Außenkanten zusammennähen.

3 Die Nahtzugabe der Laschenspitze bis auf 3 mm zurückschneiden. Die übrige Nahtzugabe leicht einschneiden. Die Lasche wenden, bügeln und die Außenkanten knappkantig absteppen. Die Wendekante zusteppen.

4 Ein Stück Paspel in der passenden Länge rechts auf rechts mit der Wulst nach innen auf die Längskanten des äußeren Taschenbodens (Stoff 2) steppen.

5 60 cm Gurtband zurechtschneiden. Das Gurtband mittig auf der Fadenlauflinie des Taschenbodens platzieren, an beiden Enden jeweils einen D-Ring einfädeln. 3,5 cm Gurtband nach innen umschlagen, sodass der D-Ring an beiden Enden gefasst ist. Das Gurtband ringsherum auf den Taschenboden steppen.

6 Das Korpusteil für die Taschenfront rechts auf rechts auf den Taschenboden legen. Die Markierung des Taschenfrontteils liegt auf der Bruchkante des Taschenbodens. Den Taschenboden mit Klammern am Frontteil fixieren und annähen. Die Nahtzugabe an den Rundungen einschneiden, damit sie sich besser legt. Die andere Korpusseite genauso annähen.

7 Die genähte Taschenlasche (gerade Kante) rechts auf rechts auf die obere Kante einer Seite des Taschenkorpus (Außentasche) steppen.

8 Die Innentasche wie in Schritt 6 beschrieben nähen, dabei an einer Seite eine 10 cm lange Wendeöffnung lassen.

9 Die Außentasche auf rechts wenden und rechts auf rechts in die auf links gedrehte Innentasche schieben. Die Lasche liegt zwischen beiden Korpusteilen. Außen- und Innentasche an der oberen Kante zusammennähen.

10 Die Tasche vorsichtig durch die Wendeöffnung wenden. Mit den Fingern die Rundungen ausformen. Die Wendeöffnung knappkantig schließen und die Innentasche in ihre Position legen.

11 Mit dem restlichen Gurtband den Taschengurt fertigen. Dazu an einem Bandende mit einer Schlaufe den Karabinerhaken festnähen. Das andere Ende zuerst durch den Schieber fädeln, dann durch den zweiten Karabiner und zum Schluss um den mittleren Steg des Schiebers legen. Das Endstück festnähen. Den Gurt in den D-Ringen befestigen

TIPP

Die Tasche kannst du aus jedem stabileren Material nähen – auch aus Jersey, wenn du das Material mit Taschenvlies (z. B. Decovil) verstärkst.

GRÖSSE 98–134

MATERIAL

Stoff 1: Jersey in Rosa, 140 cm x 50 cm
Stoff 2: Webware oder Spitze in Rosa,
140 cm x 100 cm (bis Gr. 116) /
140 cm x 130 cm (ab Gr. 122)
Wolle in Pink, Orange und Gelb, Reste

ZUSCHNITT

Die Schnittteile mit 1 cm Nahtzugabe, am Halsausschnitt ohne Nahtzugabe, an Ärmelsäumen und Kleidunterkante mit 2 cm Saumzugabe zuschneiden. Spitze mit Bogenkante ohne Saumzugabe zuschneiden. Alle Markierungen auf die Schnittteile übertragen.

Stoff 1

2x Vorderteil-Passe
1x Rückenteil-Passe im Stoffbruch
2x Ärmel
1x Rückenteil im Stoffbruch
1x Vorderteil im Stoffbruch
2x mittlere Rüsche
1x Einfassstreifen, 4 cm x 60 cm

Stoff 2

2x Ärmelrüsche
2x untere Rüsche

HINWEIS

Wenn Spitze mit Bogenkante verwendet wird, am besten das Mobiltelefon mit der App zum Stoffeinkauf mitnehmen. Diese Stoffe haben oft sehr unterschiedliche Warenbreiten, der Stoffbedarf ist individuell.

COUNTRY GIRL

STUFENKLEID MIT SPITZE

ANLEITUNG

1 Vom Einfassstreifen zwei passende Stücke zurechtschneiden und die vordere Kante der Vorderteil-Passen damit einfassen. Dazu die Streifen längs mittig links auf links bügeln. Die Streifen öffnen und die langen Kanten zum Mittelfalz, die kurzen Kanten 1 cm auf links bügeln. Die Streifen wieder aufklappen und jeweils rechts auf rechts an die vordere Kante nähen. Die Naht bügeln. Die Streifen am Mittelfalz auf links klappen und die innere Kante von rechts im Nahtschatten annähen.

2 Die Vorderteil-Passen rechts auf rechts auf die Rückenteil-Passe legen und die Schulternähte schließen. Die Nähte bügeln.

3 Den Halsausschnitt wie in Schritt 1 beschrieben mit dem restlichen Einfassstreifen einfassen. Am Anfang und am Ende 2 cm Band überstehen lassen.

4 Die vorderen Passen rechts auf rechts auf das Vorderteil legen. Darauf achten, dass die eingefassten vorderen Kanten bündig aufeinanderliegen. Die Passe auf das Vorderteil steppen, die Nahtzugaben nach unten bügeln.

5 Die hintere Passe rechts auf rechts auf das Rückenteil legen und annähen. Die Nahtzugaben nach unten bügeln.

6 Mit großer Stichlänge (ca. 4 mm) auf beide Zuschnitte der mittleren Rüsche an der oberen langen Kante zwei nebeneinanderliegende Heftnähte steppen. Durch Ziehen der beiden Fäden von einer Seite per Hand die Rüsche auf die Breite der unteren Kante des Vorderteils und der unteren Kante des Rückenteils raffen. Die Rüsche an Vorderteil und Rückenteil feststeppen.

7 Die untere Rüsche wie in Schritt 6 beschrieben raffen und mit der gerafften Kante an die mittlere Rüsche nähen.

8 Ebenso die Kante der Ärmelrüschen auf die Breite des Ärmels raffen und an die untere Ärmelkante nähen. Die Ärmel einsetzen, dabei auf die Passzeichen achten.

9 Die Seitennähte und Ärmelnähte vom Ärmelsaum bis zum Rocksaum schließen.

10 Die Säume an der Unterkante und den Ärmeln 2 cm breit auf links bügeln und absteppen; alternativ zweimal 1 cm breit einklappen und absteppen. Wenn du eine Spitze mit sauberem Abschluss verwendest, müssen nur die Seitennähte am Anfang und Ende gut gesichert werden.

11 Aus der Wolle eine ca. 80 cm lange Kordel und zwei Quasten fertigen. Die Kordelenden an die überstehenden Enden des Schrägbandes am Hals nähen, die Enden einschlagen und feststeppen. Die Quasten and den Kordelenden befestigen

HINWEIS

Den Rucksack gibt es in zwei Größen. Er hat einen angesetzten Boden und eine aufgesetzte Tasche. Oben wird er eingerollt und mit Schnallen geschlossen. So entsteht eine Schlaufe, mit der man den Rucksack in der Hand tragen oder an einen Haken hängen kann.

PRAKTISCHER BEGLEITER

ROLLTOP-RUCKSACK

GRÖSSE

Kleiner Rucksack: 26 cm x 41 cm, 6 cm tief (inkl. ca. 10 cm Rolltop)

Großer Rucksack: 30 cm x 48 cm, 6 cm tief (inkl. ca. 10 cm Rolltop)

MATERIAL

Stoff 1: schwerer Baumwollköper in Blau,
140 cm breit,
50 cm (kleiner Rucksack),
60 cm (großer Rucksack)
Stoff 2: schwerer Baumwollköper
in Anthrazit, 140 cm breit, 20 cm
Gurtband in Schwarz, 25 mm breit, 1,50 m
3 Steckschnallen, 25 mm breit
2 Schieber, 25 mm breit
farblich passendes Nähgarn

NAHTZUGABEN

Die Schnittmuster enthalten bereits 1 cm Nahtzugabe und 4 cm Zugabe für den Umschlag an der Rucksack- und Taschenöffnung, die Stoffteile daher ohne weitere Zugaben zuschneiden.

ZUSCHNITT

Stoff 1
1x Vorderteil
1x aufgesetzte Tasche
1x Rückteil oben
1x Rückteil unten

Stoff 2
1x Boden

Gurtband
2x Träger oben,
40 cm lang (kleiner Rucksack), 50 cm lang (großer Rucksck)
2x Träger unten, 14 cm lang
2x Halterung für Steckschnallen, 8 cm lang

ANLEITUNG

1 Die Oberkante der aufgesetzten Tasche zweimal 2 cm einschlagen und den Umschlag knappkantig feststeppen.

2 Die Tasche links auf rechts unten und an den Seiten bündig auf das Vorderteil legen und 5 mm breit festnähen. In der Mitte der Tasche eine senkrechte Naht steppen, um die Tasche in zwei Fächer zu teilen.

3 Die 40/50 cm langen, oberen Träger jeweils um den Mittelsteg eines Schiebers legen. Die Gurtbandkante mit einem Feuerzeug versiegeln, einschlagen und feststeppen. Das Gurtband jeweils auf ein oberes Schnallenteil (mit 2 Stegen) ziehen und anschließend wieder über den Schieber fädeln. Prüfe, ob das Gurtband nach dem Verschieben „einrastet", dann hast du richtig herum gefädelt. Die Träger 5 mm breit rechts auf rechts an die Oberkante des mittleren Rückteils nähen, dabei liegt der Träger jeweils von außen an der Markierung an. Darauf achten, dass das Schnallenteil nicht verdreht ist (der Schieber zeigt dann in die falsche Richtung).

4 Die 8 cm langen Gurtbänder jeweils um den Steg des unteren Schnallenteils (= einfacher Steg) legen. Die unteren Träger doppelt legen und füßchenbreit rechts auf rechts unten auf das mittlere Rückteil nähen, dabei liegt der Träger jeweils von außen an der Markierung an. Darauf achten, dass die Schnalle an das Gegenstück passt.

5 Das obere Rückteil rechts auf rechts auf das untere Rückteil legen und die Teile mit 1 cm Nahtzugabe zusammennähen. Die Nahtzugaben zusammen versäubern und nach oben bügeln. Die Naht knappkantig absteppen.

6 Für den Verschluss an der Rucksackoberkante die Gurtstücke jeweils in ein Schnallenteil einfädeln. Die Gurtstücke doppelt legen und rechts auf rechts an der Oberkante, unterhalb der Umschlagmarkierung auf dem Vorderteil fixieren. Darauf achten, dass die Schnallen so ausgerichtet sind, dass sie ohne zu verdrehen zu schließen sind. Die Gurtstücke füßchenbreit festnähen.

7 Das Rückteil rechts auf rechts auf das Vorderteil legen und die Seitennähte jeweils mit 1 cm Nahtzugabe schließen. Die Nahtzugaben zusammen versäubern und Richtung Rückteil bügeln. Gurtbänder von rechts füßchenbreit in der Seitennaht feststeppen.

8 Den Umschlag an der Rucksackoberkante zweimal 2 cm auf links einschlagen und knappkantig annähen.

9 Den Boden längs zur Hälfte falten, rechts liegt innen. Die kurzen Seiten mit 1 cm Nahtzugabe zusammennähen, dabei die inneren Ecken aussparen. Die Nahtzugaben zusammen versäubern und zu einer Seite bügeln.

10 Die Stofflagen des Bodens an der Naht auseinanderziehen und die offenen Kanten der inneren Ecken jeweils aufeinanderlegen, dabei trifft die Naht auf die Mitte der anderen offenen Kante. Für die Bodenecken die Kanten mit 1 cm Nahtzugabe zusammennähen. Die Nahtzugaben zusammen versäubern und nach unten bügeln.

11 Vorder- und Rückteil des Rucksacks rechts auf rechts über den Boden stülpen und an der offenen Kante mit 1 cm Nahtzugabe zusammennähen. Die Nahtzugaben zusammen versäubern und nach unten bügeln. Die Naht knappkantig absteppen.

RED HIPSTER
GERÄUMIGE TOTE-BAG

GRÖSSE 31 cm x 33 cm

MATERIAL
Stoff 1: Baumwollstoff in Rot-Weiß gemustert, 100 cm cm x 50 cm
Stoff 2: Baumwollstoff in Rot, 150 cm x 50 cm
Einlage: Vlieseline® H 410, 100 cm x 150 cm

ZUSCHNITT
Die Schnittmuster enthalten bereits 1 cm Nahtzugabe. Alle Markierungen auf die Schnittteile übertragen. Vor dem Zuschneiden auf alle Stoffe die Vlieseinlage bügeln.

Stoff 1
1 x vorderes Taschenteil
1 x rückwärtiges Taschenteil

Stoff 2
2 x Taschenblende
2 x Träger
2 x Taschenfutter

Jetzt scannen mit pattarina

ANLEITUNG

1 Die beiden Taschenblenden links auf links gemäß Markierung in den Bruch legen und an der Faltlinie bügeln.

2 Die Falten im vorderen Taschenteil in Pfeilrichtung aufeinanderlegen, heften und anschließend mit der Nähmaschine mit 8 mm Abstand von der Schnittkante zusammennähen.

3 Die Taschenblenden jeweils rechts auf rechts an das vordere und das rückwärtige Taschenteil nähen, dabei auf die Innen- und Außenseite der Blende achten. Die Nahtzugaben nach oben bügeln.

4 Vorderteil und rückwärtiges Teil der Tasche rechts auf rechts aufeinanderlegen und an der Unterkante und den Seitenkanten zusammennähen, dabei die inneren Ecken aussparen. Die Nahtzugaben auseinanderbügeln.

5 Die inneren Ecken auseinanderziehen und jeweils die Seitennaht rechts auf rechts bündig auf die Bodennaht legen. Die Ecken füßchenbreit abnähen. Die Tasche wenden und die Ecken herausdrücken.

6 Die beiden Taschenfutterteile rechts auf rechts an der Unterkante und den Seitenkanten zusammennähen, dabei die inneren Ecken sowie eine Wendeöffnung aussparen. Die Nahtzugaben auseinanderbügeln.

7 Die inneren Ecken des Taschenfutters auseinanderziehen und jeweils die Seitennaht rechts auf recht bündig auf die Bodennaht legen. Die Ecken füßchenbreit abnähen (siehe Schritt 5). Das Taschenfutter wenden und die Ecken herausdrücken.

8 Die Träger längs mittig rechts auf rechts falten und an der langen Seite zusammennähen. Auf rechts wenden und bügeln. Die Träger gemäß Markierungen innen auf die vordere und rückwärtige Taschenblende steppen.

9 Die Tasche auf rechts, das Taschenfutter auf links wenden. Die Tasche in das Taschenfutter schieben und die beiden Teile an der Oberkante zusammennähen. Die Tasche durch die Wendeöffnung wenden und die Wendeöffnung schließen.

10 Die Bruchkante der Taschenblende nochmals bügeln und die Träger an der oberen Blendenkante festnähen.

FÜR ALLERLEI KRIMSKRAMS

MÄPPCHEN MIT KLAPPE

GRÖSSE 20 cm x 8 cm

MATERIAL

Stoff 1: Baumwollstoff in Türkis mit grünen Punkten, 55 cm x 30 cm
Stoff 2: Baumwollstoff in Beige-Grün mit Zickzack-/Chevronmuster, 55 cm x 30 cm
Einlage: Volumenvlies H 630, 60 cm x 30 cm
Reißverschluss in Grau, 20 cm lang
2 Druckknöpfe „Color Snap" in Grau, ø 12,4 mm
Dekoband in Braun mit buntem Muster, ca. 10 mm breit, 7 cm lang

ZUSCHNITT

Die Schnittmuster enthalten bereits 75 mm Nahtzugabe. Die Klappe aus Volumenvlies ohne Nahtzugabe zuschneiden. Alle Markierungen jeweils auf die rechte Stoffseite der Schnittteile übertragen.

Stoff 1

1x Mäppchen (= Außenbeutel) im Stoffbruch
1x Täschchen im Stoffbruch

Stoff 2

1x Mäppchen (= Innenbeutel) im Stoffbruch
2x Klappe

Volumenvlies

1x Mäppchen im Stoffbruch
1x Klappe

ANLEITUNG

1 Volumenvlies auf die linke Stoffseite des Mäppchenteils aus Stoff 1 (Außenbeutel) sowie eines Klappenteils bügeln.

2 Das Täschchenteil entlang des Stoffbruchs rechts auf rechts legen und die Kanten rundherum zusammennähen, dabei die Wendeöffnung auslassen. Die Nahtzugaben an den Ecken schräg zurückschneiden, und auseinanderstreichen. Das Teil wenden und die Ecken ausformen.

3 Das Täschchen auf das Mäppchenteil aus Stoff 1 (Außenbeutel) legen, so dass die Bruchkante an der oberen Anstoßlinie liegt. Das Täschchen mit engem Zickzackstich mittig unterteilen und an der seitlichen sowie an der unteren Kante festnähen, dabei die Wendeöffnung schließen.

4 Die Klappenteile rechts auf rechts an der unteren und den seitlichen Kanten zusammennähen. Die Nahtzugabe an den Rundungen zurückschneiden. Die Klappe wenden und die genähten Kanten 4 mm breit absteppen. Die Klappe gemäß Markierung oberhalb des Täschchens auf das äußere Mäppchenteil legen, dabei liegt wattierte Seite oben, und innerhalb der Nahtzugabe festnähen.

5 Beide Mäppchenteile rechts auf rechts legen und den Reißverschluss an der Oberkante zwischen die Stofflagen schieben, dabei zeigt die rechte Seite des Reißverschlusses zur rechten Stoffseite des äußeren Mäppchenteils. Die Reißverschlusshälfte mit dem Reißverschlussfuß einnähen. Die Stofflagen auseinanderklappen.

6 Jedes Mäppchenteil für sich bündig rechts auf rechts legen. An den gegenüberliegenden Kanten die zweite Reißverschlusshälfte zwischen die Stofflagen schieben und annähen.

7 Das Dekoband links auf links doppelt legen, die Enden an der Schieberseite auf das Reißverschlussband legen, die Schlaufe zeigt in Richtung Schieber. Die Bandenden ca. 5 mm breit festnähen.

8 Den Reißverschluss zur Hälfte öffnen. Die Mäppchenteile so hinlegen, dass der Reißverschluss in der Mitte liegt, die Reißverschlusszähnchen zeigen Richtung Außenbeutel. Die Seitennähte schließen, dabei jeweils beim inneren Mäppchenteil beginnen und auf einer Seite im inneren Mäppchenteil eine Wendeöffnung lassen, die inneren Ecken ebenfalls auslassen. Die Nahtzugaben auseinanderstreichen.

9 Am Innen- und Außenbeutel jeweils die inneren Ecken auseinanderziehen und die Kanten so aufeinanderlegen, dass die Seitennaht auf die Mitte des Bodens trifft. Die die seitliche Bodennaht jeweils zusammennähen.

10 Das Mäppchen wenden, ausformen und die Wendeöffnung knappkantig schließen. Den Innenbeutel in den Außenbeutel schieben und Druckknopfteile befestigen.

TIPP

Aus beschichteter Baumwolle genäht wird das Mäppchen wasserabweisend. Für eine schlichtere Variante kannst du die Taschenklappe und das Täschchen weglassen.

DER PATTARINA ANKER

Hier findest du den Pattarina-Anker. Du kannst ihn dir auch auf www.pattarina.de herunterladen und ausdrucken. Beachte dazu die Hinweise auf S.14. Wie du mit dem Anker arbeiten musst, wird auf S. 15 erklärt.

BUCHEMPFEHLUNGEN FÜR DICH

Noch mehr kreative Bücher zum gleichen Thema gesucht?

ISBN 978-3-7724-6991-6

ISBN 978-3-7724-8168-0

ISBN 978-3-7724-8103-1

ISBN 978-3-7724-8114-7

ISBN 978-3-7724-8172-7

ISBN 978-3-7724-8167-3

ISBN 978-3-7724-8166-6

ISBN 978-3-7724-8144-4

BUCHEMPFEHLUNGEN FÜR DICH

Noch mehr kreative Bücher zum gleichen Thema gesucht?

ISBN 978-3-7724-6491-1

ISBN 978-3-7724-8121-5

ISBN 978-3-7724-8131-4

ISBN 978-3-7724-8134-5

ISBN 978-3-7724-8145-1

ISBN 978-3-7724-8148-2

ISBN 978-3-7724-8154-3

ISBN 978-3-7724-8155-0

ISBN 978-3-7724-8176-5

ISBN 978-3-7724-8419-3

Noch mehr Kreativ-Bücher findest du auf www.TOPP-kreativ.de

DÜRFEN WIR VORSTELLEN?
WIR SIND TOPP!

Uns, unsere Autoren, Bücher, Sets und viele, viele Kreativideen gibt's nicht nur auf Events und in Buchhandlungen, sondern natürlich auch online:

www.TOPP-KREATIV.de

www.YouTube.com/Frechverlag

www.TOPP-KREATIV.de/Newsletter

www.Instagram.com/Frechverlag

www.Facebook.com/Frechverlag

www.Pinterest.com/Frechverlag

www.TOPP-kreativ.de/DigiBib

SCHWIERIGKEITSGRADE

●○○ = schnell & einfach
●●○ = braucht etwas Übung
●●● = für Anspruchsvolle

KREATIV-HOTLINE

Hilfestellung zu allen Fragen, die Materialien und Bücher zu kreativen Hobbys betreffen:
Frau Erika Noll berät Sie. Rufen Sie an oder schreiben Sie eine E-Mail!

Telefon: 0 50 52 / 91 18 58* * normale Telefongebühren
E-Mail: mail@kreativ-service.info

IMPRESSUM:

Fotos: frechverlag GmbH, Turbinenstraße 7, 70499 Stuttgart, Nora Baum, Cottbus (S. 8, 9, 12-19); lichtpunkt GmbH, Michael Ruder (alle übrigen)
Modelle: Julia Korff (S. 36/37, 44-49); Laura Wilhelm (S. 38/39, 50-52); Ilka Meis (S. 40-43), Sandra Prüßmeier (S. 53-55); Andrea Müller (S. 56-59); Anke Müller (S. 60-63); Stefanie Kroth (S. 64-67); Fanziska Fulvio (S. 68/69); Karin Roser (S. 70/71)
Produktmanagement: Eva-Barbara Zirn
Lektorat: Christine Schlitt, Worms
Layout und Satz: FSM Premedia GmbH & Co. KG, Münster
Druck und Bindung: DRUK-INTRO S.A., Polen

2. Auflage 2019

ISBN 978-3-7724-4903-4